漢字はこうして始まった

族《ぞく》徽《き》の世界

落合淳思
Atsushi Ochiai

ハヤカワ新書 038

はじめに

本書がテーマとする「族徽《ぞくき》」は、古代中国で使われていた文字の一種であり、所属する集団を表示する役割があった。日本の家紋のようなものと考えると分かりやすいだろう。族徽は、漢字の歴史の一部として位置づけられるが、最も原始的な表現をしていることが特徴であり、デザイン（装飾的な図案）的な描写方法が用いられている。

左に族徽の例を挙げた。これらの文字は、個々の三角形が山を表しており、全体で山が連なった山脈を表現している。

①

②

③

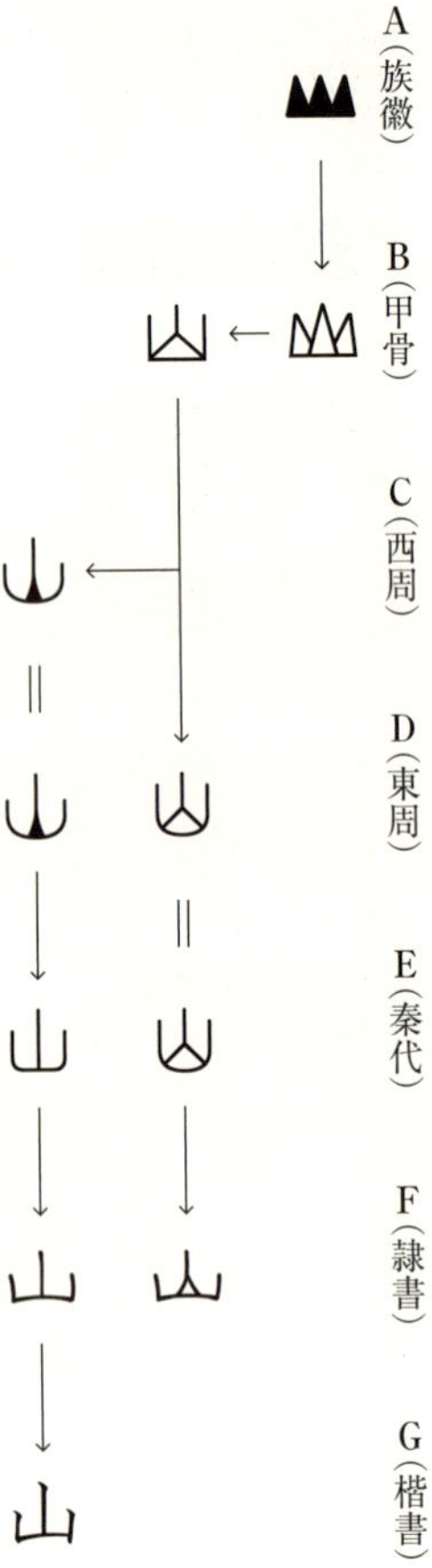

族徽の「▲▲▲」は、文字（漢字）としては「山」にあたる。その後の歴史で、「ᗰ」のように輪郭線だけが表示されるようになり、さらに「⼐」に簡略化された。

表のうち「甲骨《こうこつ》」や「西周《せいしゅう》」などの用語や構成については序章で解説するが、いずれの形も族徽と同じく漢字の系統の文字である。漢字は三千年以上におよぶ長い歴史を持っており、族徽などから徐々に変化しつつ、現在の漢字（楷書《かいしょ》）まで受け継がれたのである。

「山」については、より簡略化された「山」が出現し、これが現在の漢字の「山」の元になっている。ただし、「⼐」を継承した系統（「⼐」や「山」）も長く使われており、漢字の歴史は単線的には捉《とら》えられないことに注意が必要である。「山」に限らず、漢字は字形の変化や簡略化を経て現在の形になっており、本書ではこうした点についても触れる。

本書では多くの族徽を取り上げるが、その大部分はデザイン的に表現されており、見た目も面白く、また視覚的に何を表したのかが分かりやすい。そこからは古代の人々の視覚認識や美術表現を知ることができる。

また、族徽として表現されたものは、古代中国の自然環境や人々の生活などを反映しているので、形状の面白さだけではなく、当時の文化や風習を分析する手がかりにもなる。本書では、族徽に関連して、中国の古代文明についても解説する。なお、筆者の専門は古代中国の文字学・歴史学なので、美学（芸術学）からの専門分析については言及が難しい。この点はあらかじめご承知おきいただきたい。

本書の構成は以下の通りである。まず序章では、族徽や漢字の歴史について述べ、出土資料や古代文明についても取り上げる。そして第一章では動物を元にした族徽について解説し、第二章では人工物に由来する族徽、第三章では人間の行動を表した族徽について見る。第四章では、古代には使われていたが後の時代に失われてしまった族徽・文字を取り上げる。各章は冒頭部分で概説と族徽の具体例の説明をおこない、その後、設問形式で族徽を取り上げ、また解説する。

族徽は出自の表示なので、歴史学的に見ると、当時の政治や制度を分析する手がかりにもなる。本書では、こうした専門的な知識についても各章末のコラムで述べる。ただし、個々の族徽の理解には直接的に関係しないので、歴史学に興味がない方はコラムを読み飛ばしていただいても構わない。

族徽は古代中国の自然や文化、あるいは社会・科学技術などに関わる資料なのであるが、多くが単発的に使用されているため、かつては歴史学や文字学としての研究が進んでいなかった。しかし、近年になって資料の整理が進み、中国を中心にして族徽の専門研究もおこなわれるようになってきた。本書は、そうした近年の研究成果も踏まえ、族徽について述べていきたい。

参考文献の一覧は本書の末尾に掲載しており、本文で専門知識の出典を示す場合には〔〕内に著者の姓と出版年を表示した。また図版の出典も本書の末尾に挙げた。

謝辞：本書はＪＳＰＳ科研費２２Ｋ００５４２の助成を受けており、分担者の佐藤信弥《さとうしんや》氏から多くの助言をいただきました。またアジア・アフリカ言語文化研究所の共同利用・共同研究課題「アジア文字研究基盤の構築(3)——文字研究術語集の構築——」の支援を受けています。この場を借りてお礼申し上げます。

目次

序章　古代中国の社会と族徽

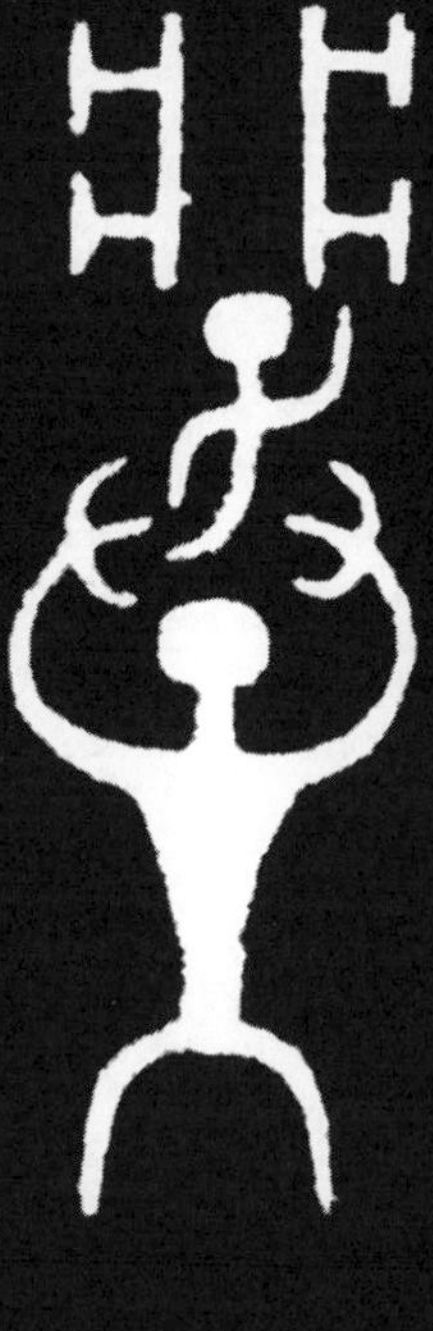

王朝と青銅器の出現

本書のテーマである族徽《ぞくき》について、まずはそれが出現するまでの歴史的経緯を見てみたい。

中国では、紀元前六千年ごろに各地で新石器時代が始まった。人々は集落を作って農耕や牧畜をおこない、また新石器（磨製石器）や土器・木器などを作って生活した。

その後、集落の規模は徐々に大きくなり、集落間の戦争も起こるようになった。また集落内部では構成員の階層化も進み、リーダーが出現した。集落のリーダーは、戦時には指揮官となり軍事的権力を持ち、平時には神や祖先を祭ることで宗教的権威を獲得した。本書でもたびたび触れることになるが、権力と権威は後の時代でも支配体制における両輪であった。

新石器時代の末期（紀元前三千年紀）になると、大きな集落（都市）が周辺の小さな集落（農村）を支配する体制が出現した。これが、いわゆる「都市国家」である。都市国家では、リーダーがより強い権力を持つようになっており、徴税とその再分配を通して、大規模な土木建築を造営したり、自身の権威を示す物品を作らせたりした。

さらに、紀元前二十世紀ごろになると、広大な領域を支配する「王朝」が出現する。王朝は、中心となる大都市（首都）が各地の都市国家を支配して成立した。こうした巨大な支配機構が出現する経緯で、最も重要な役割を果たしたのが青銅器《せいどうき》の大量生産であった。

青銅器は、石器などに比べて鋭利な刃物を作ることができるので、武器にすることで軍事力を増強でき、物理的な支配の強化につながった。また工具としても優秀であり、さまざまな物品や土木建築を作る際に役立った。

そして、より重要だったのが礼器《れいき》（祭礼の器物）である。青銅は錆《さ》びたときの色の印象が強いので「青銅」と呼ばれるが、錆びる前は淡い金色をしており、土器や石器に比べて見た目が綺麗であった。当時の支配階層は、青銅器を使って神や祖先を祭ることで宗教的権威を獲得していた。

しかも、材料となる銅は生産地が限られており、軍事力がなければ生産地からの輸送ルートを確保できなかった。その後の製造過程も複雑であり、専用の工房の建設、あるいは専門職人の雇用・育成などの経済力が必要になる。つまり、青銅器は、それを所持しているだけで軍事力や経済力を示すことができたのである。こうした物品は「威信財《いしんざい》」と呼称される。

このように、古代の王朝では青銅器を（当時としては）大量に生産することで、支配者の権力や権威を維持していた。

青銅器は、作成者が死去するとその墓に埋められることが多く、また一定期間を経たものを地中に掘った穴にしまい込むこともあった。そして、後の時代に地中から青銅器が発見されたのであり、今なお中国では、毎年多くの青銅器が発掘されている。

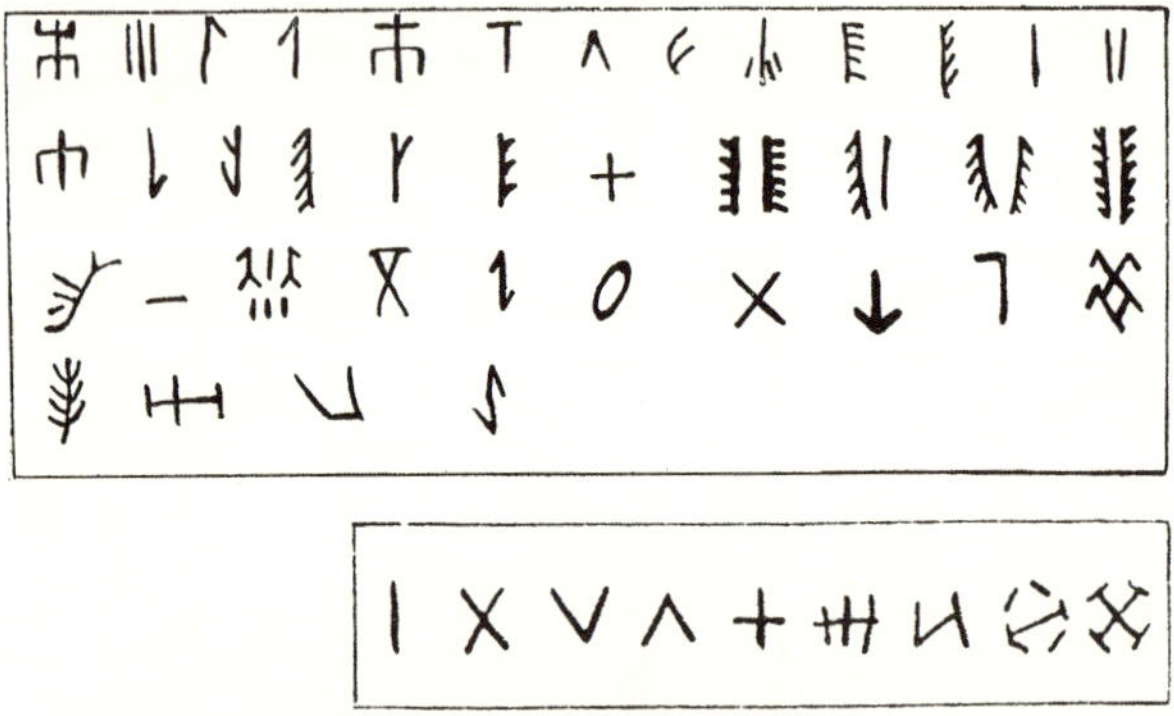

図0-1　新石器時代の記号
（高 1996 から引用。上：姜寨《きょうさい》遺跡、右：良渚《りょうしょ》遺跡）

なお、文献資料には最初の王朝として「夏《か》王朝」が記されているが、それは後代の創作である〔落合 二〇二三〕。最初の王朝については、考古学資料以外に信頼できる情報がないのが現状である。

記号の出現から族徽へ

文字学的な面から見ると、各地の新石器文化で記号が使用されたことが重要である。図０－１に代表的な例を挙げた。多くは陶器に刻まれた記号（「陶《とう》文《ぶん》」と呼ばれる）である。

これらの記号は、いずれも単純なものであり、しかも単独で使われることが一般的であった。その点で、人間の言語を記録できるような「文字」の段階には到っていなかったと考えられる。

また、各地の記号には共通点が少ないことも特徴である。あまりにも単純であるため、「＋」形や

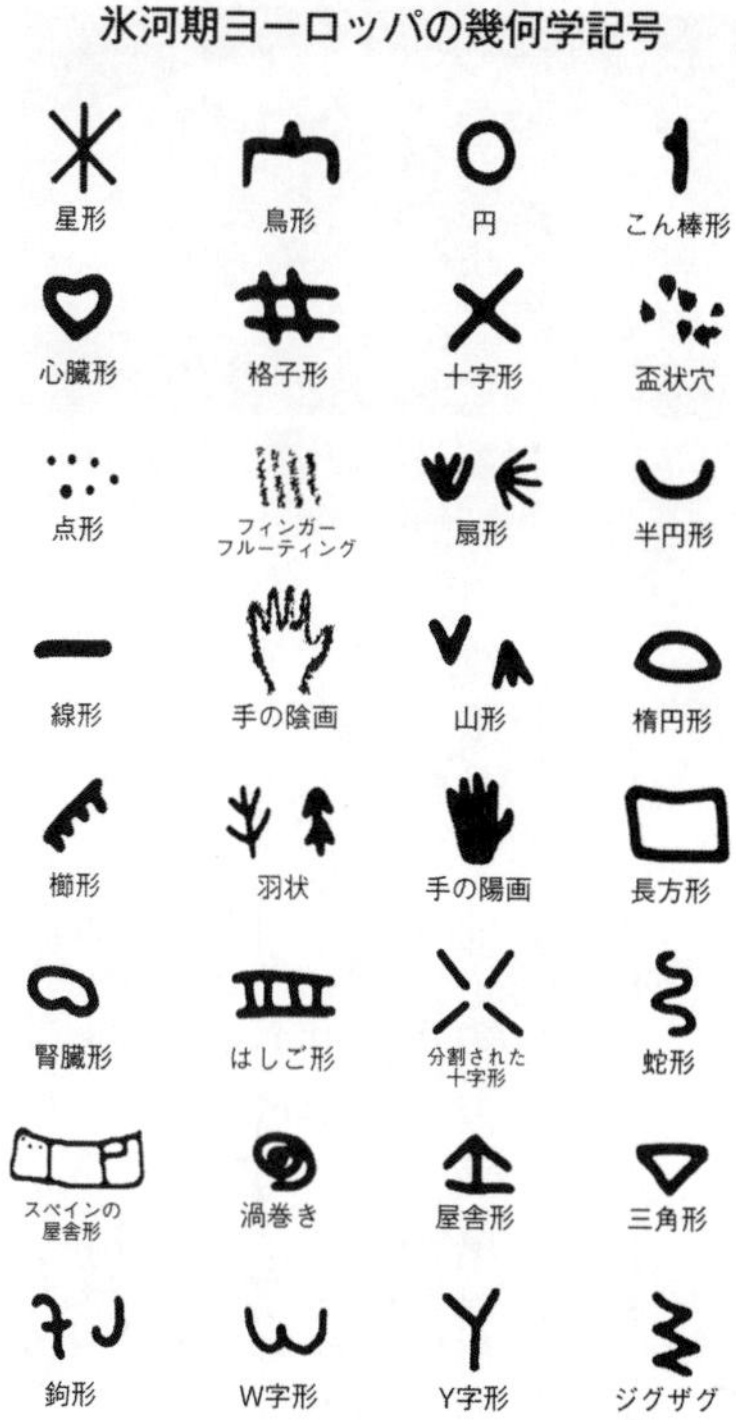

図0-2　ヨーロッパの旧石器時代の記号
（ペッツィンガー／櫻井2016から引用）

「×」形のように一部に類似する形はあるものの、体系としての継承関係あるいは共有関係は認められない。つまり、各地で独自に作られ、また使われたのである。

人類は、進化の過程で記号を理解する能力を発達させており、ヨーロッパでは旧石器時代の遺跡からも記号が発見されている（図０－２）。それが言語の発達と関係するのか、それともボディランゲージなどに起源があるのかは分からないが、いずれにせよ記号を理解でき

図 0-3　中国の旧石器時代の石刻符号
（張 2019 から引用）

るのは人類の本能的な能力であり、そのため古代中国でも各地で自律的に記号の創作・使用ができたのである。

ちなみに、石器や骨角器《こっかくき》に傷を付けて印にするという方法はさらに古く、十万年以上も前からおこなわれていた。中国でも、旧石器時代の遺跡からそうした遺物が発見されている（図0－3）。

そして古代中国では、王朝が出現してからかなりの期間を経た紀元前十三世紀後半に、出自《しゅつじ》集団（所属する集団）を示す記号が青銅器に鋳込《いこ》まれるようになる。時代としては、最初の王朝を滅ぼして建国された殷《いん》王朝（紀元前十六～前十一世紀）の後期にあたる。

その記号については、「図形文字」や「図象《ずしょう》記号」、あるいは「族氏銘文」や「部族標識」など、さまざまな呼び名がある。出自集団の表示であることから、現在の中国では「族徽《ぞくき》」あるいは「族徽《ぞくき》章《しょう》」と呼ばれることが多く、本書も「族徽」の呼称を使用している。なお「徽」は「しるし」という意味である。

族徽の由来はさまざまであり、古代中国の自然・環境や人々の生活・風習などが反映されている。族徽は字形が原始的であり、由来になったものを忠実に描いたものが多い。そのため、族徽の形を元にして当時の社会や文化の一端を知ることができるのである。本書は、族徽の由来を第一～四章で解説し、また、族徽に関連する古代中国の社会や文化について各章末のコラムで述べる。

族徽は漢字の一種である

一方で、最古の漢字資料として「甲骨文字《こうこつもじ》」が知られている。これは、占いに使った亀の甲羅や動物の骨に占いの内容を彫刻したものであり、殷王朝後期の首都（殷墟《いんきょ》遺跡。当時の呼称は「商《しょう》」）から多数が発見された。これまでに発見された文字の総数は、百万字を大きく超えている。

しかも甲骨文字は、すでに文字として高度な発展を遂げた状態になっており、文章を形成し、かつ発音符号の使用や代名詞・助動詞などの使用も見られる。したがって、漢字の成立は、甲骨文字よりも何百年も前のことと推定されるが、甲骨文字以前のまとまった漢字資料は今のところ発見されていない。

なお、甲骨文字の文法は後代の漢文とほとんど同じであり、字形だけではなく言語の継承関係も認められる。歴史資料としての甲骨文字については、本書のテーマではないので詳述を省くが、興味がある方は拙著『殷』（中公新書）や『漢字の構造』（中公選書）をご参照いただきたい。

そして、族徽が使われていたのは殷王朝の後期から西周《せいしゅう》王朝の中期（紀元前十三世紀後半～前十世紀後半）であり、現存の甲骨文字とほぼ同時期に始まっている。しかも、甲骨文字では族徽に近い形が族名・地名やその長の名として使われており、両者は同一の文字体系に属している。

例えば「はじめに」で取り上げた族徽の「山（ ）」についても、甲骨文字では「山（ ）」が「やま」の意味のほか、固有名詞として殷王朝の支配下の地名またはその長の名としても使われている。図0－4の①はその一例であり、丁巳《ていし》の日に王が山の領主を呼んで従えることを占っている（原文「丁巳卜、其従叀山呼」）。

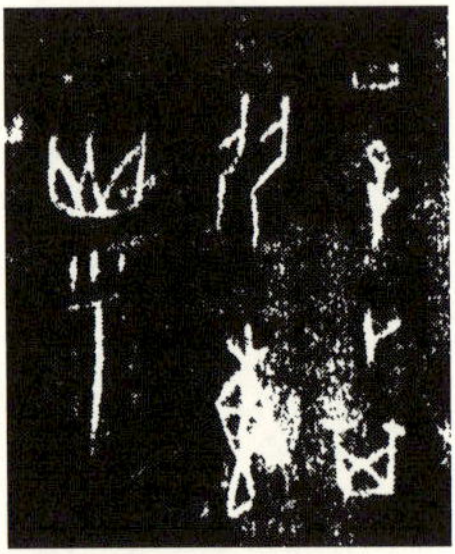
①

②

図0-4　甲骨文字・金文の例

つまり、族徽の山（）と甲骨文字の山（）は同一の集団（およびその居住地・首長の呼称）を指しているのであって、描写方法が違うだけなのである。文字学的には「異体字《いたいじ》（同一字の別体）」という扱いになる。

したがって、「族徽」という概念は、通常は青銅器に記されたものだけを指すが、広義には甲骨文字で使われた族名も含めることが可能である〔林一九六八・厳二〇一七など〕。

なお、青銅器の族徽のはじまりを殷代中期（紀元前十四世紀後半～前十三世紀前半）までさかのぼるとする説〔王二〇一五・雒二〇一七など〕もあるが、確実な例（正式な遺跡発掘によるもの）としては発見されていない。現状の資料から言えば、青銅器に記されるようになるのは殷代後期になってからと考えるのが妥当である〔林一九八四・小南二〇一五など〕。ただし、殷代後期に突然に族徽文化が拡大したとも思われないので、族徽そのものは殷代中期（あるいは前期）から使われていた可能性が高い。

族徽のデザイン

先に族徽を日本の家紋に喩《たと》えたが、実際には家紋ほどデザインが固定的ではなく、個々の青銅器ごとに多少のずれがある。異体字を許容するという点からも、族徽は表現されたものが何かということが重要であり、「絵的」なものではなく「文字的（象形文字的）」な性質が強いと言える。中には、同一族の族徽でも表現方法が大きく異なることもあり、詳しくは本書の第一章以降に紹介していく。

また、西周代になると青銅器の銘文（「金文《きんぶん》」と呼ばれる）が長文になるが、そこでは図0-4の②のように、文章中で族徽が使われることもある（原文「作父乙彝［、父乙《ふいつ》の彝《い》をつくる］」）。「」は「山」とは別の族徽で、第四章で取り上げる）。したがって、漢字と

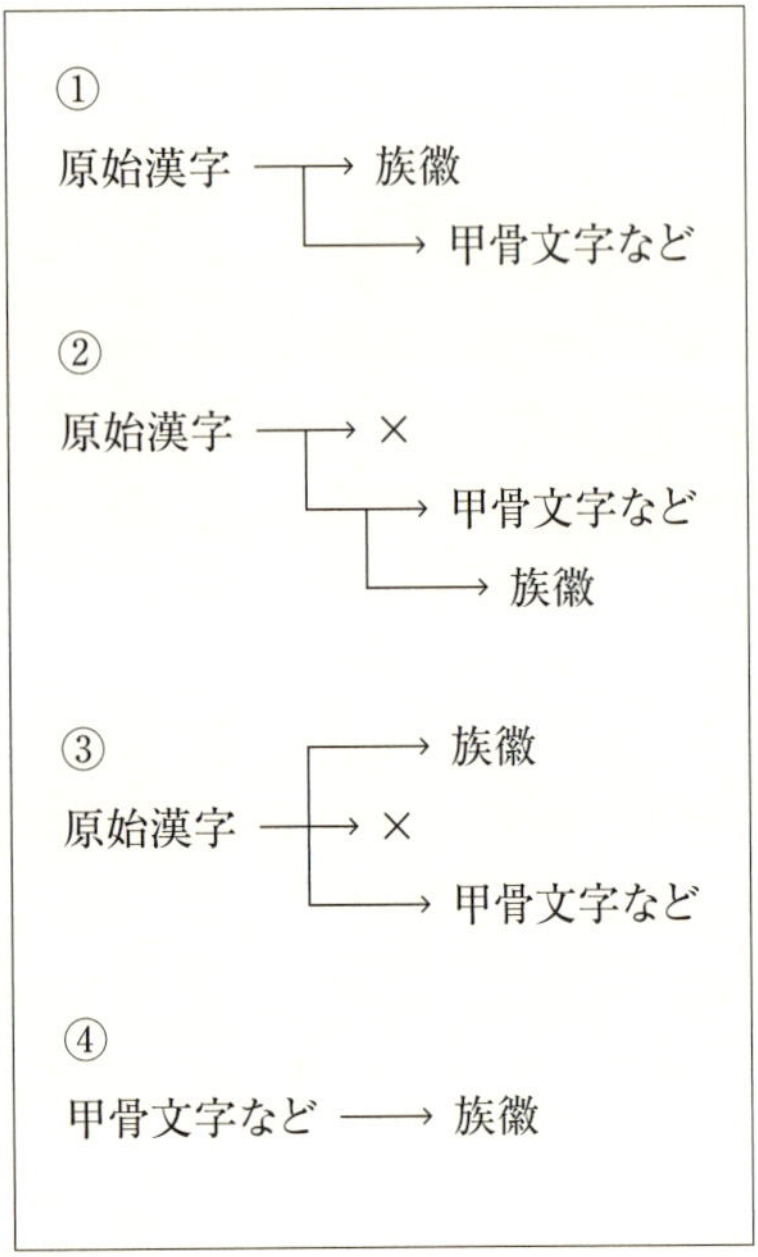

図 0-5　族徽と漢字の関係

同じように個々の族徽にも意味や読み（発音）があったと考えられる。

要するに族徽とは、表現方法が原始的というだけであり、甲骨文字や金文と同じく漢字の一種なのである。そして、時代としても甲骨文字や金文と同時代に使われたものであるため、そのデザインは必ずしも原始状態の漢字そのものではない場合もある。

本書では便宜上、各字形の歴史の表で族徽を最上部に置いているが、族徽と甲骨文字などには多様な関係が見られる。まず典型的なものが、族徽が原始的な漢字を最も強く反映している場合であり、甲骨文字などはそこからの派生というもの（図0－5の①）である。しかし逆に、甲骨文字などが原始の漢字を強く反映しており、族徽の方が甲骨文字などを元に意匠化（デザイン化）したという場合もある（図0－5の②）。

そのほか、族徽と甲骨文字がそれぞれ別個に原始の漢字から派生したもの（図0－5の③）もあり、両者の表現方法が大きく異なる例も見られる。また、そもそも原始漢字が存在しない成り立ち（発音符号を使った文字など）の場合に甲骨文字などから意匠化した例（図0－5の④）もある（これは②の一種と見ることも可能）。

このように、族徽には、原始的な描写方法が用いられたという基本的な共通点はあるものの、甲骨文字などとの関係は一様ではない。かつての研究では、族徽を一律に甲骨文字・金文よりも古いと見なしたものもあったが、それは極論と言わざるを得ない。本書はタイトルを『漢字はこうして始まった――族徽の世界』としているが、必ずしも最古の形ではないという点は注意しておきたい。

殷代の「族」について

殷代には、各地に多数の小都市が存在し、その周辺には農村があった。これは新石器時代の都市国家に相当する規模である。当時の王朝は、元の都市国家程度の単位を束ねて支配する存在であった。また、首都には王朝の中枢部を形成した支配階層も存在した。したがって族徽の数は、都市国家レベルの領主層、および王朝の支配階層の集団の数だけ存在したと考えられる。

本書では、こうした族徽で表現される支配層集団を「族」と呼称する。なお、殷代の「族」の内部構造や血縁関係については諸説があり、第四章末尾のコラムで述べる。

王朝の支配範囲の広さを反映して、現存の青銅器に見られる族徽の種類は非常に多く、七百種以上にのぼるとする説もある。ただし、例数が少ないものは、族徽かそれとも個人名かは特定が困難であり、また類似形を同一族徽とするか別の族徽とするのかについても異論がある。逆に、青銅器には必ずしも族徽は記されていないので、未発見の族徽も多いと考えられる。こうした理由で、現状では族徽の正確な数は不明であるが、少なくとも数百種が存在したことは間違いない（本書はそのうち五十種ほどを取り上げる）。

殷王朝の中枢部にあった支配階層の青銅器（および族徽）は、当然ながら首都（殷墟遺跡）から発見されているが、各地の都市国家を支配した族の青銅器（および族徽）についても、その地元だけではなく殷墟遺跡からも発見されることが多い。これは、各地の領主層が首都に出入りしていたことを示している。当時の甲骨文字にも、王が各地の領主と面会したことが記されており、族徽の出土状況と矛盾がない。

しかし、甲骨文字に記されたこと以外については不明な点が多い。各々の地方領主について、どのような思想・信仰を持っていたのか、あるいは近隣の地方領主とどのような関係だったのかなど、現状ではよく分からないことが多いのである。さらに言えば、族徽は王朝側が制定したものではなく、慣習的に使われたものであり、族徽を積極的に使わなかった族や、族徽を変えてしまう族も存在したので、歴史的な経緯の復元が困難である。

そのため、本書でも、各々の族がどのような集団だったのかを分析することはごく簡単なものにとどめ、文字としての情報、あるいはそれに関連する事柄を中心に取り上げる。ただし、出土地が分かっている青銅器に族徽が記されていれば活動地が判明し、また同一の墓から墓主以外の族徽が出ていれば、何らかの形で友好関係にあったことが推定できる（ただし略奪品や賠償品の可能性も否定はできない）。このように、族徽は考古学研究の補

①

②

図0-6　字形の簡略化

助資料としては有用な要素であり、現在でもこの方面で主に研究が進められている。今後、各族についての詳細が判明していくことが期待される。

その後の漢字の歴史と書法の変化

甲骨文字や金文と族徽とは、文字という点では同じであるが、前述のように表現（描写方法）に相違が見られる。族徽は出自集団の表示であり、日本の家紋のような役割があった。そのため、文字であると同時に装飾性も求められたようで、絵文字的な表現や丁寧な描写が好まれる傾向がある。一方、甲骨文字などは書きやすさが重視されており、字形が簡略化される傾向が強い。

例として、袋の形を表した「東」を挙げる。族徽としての「東」のうち、最も丁寧に描かれたものが図0－6の①である。「東」は筒状の袋に荷物を入れ、両端を縛った様子を表した文字であり、上部と下部の「↓」が結び目である。また、①のうち格子状の部分は袋の編み目の表現であり、詳細に描かれている。

　しかし、このような繁雑な表現では、普段使う文字としては不便であるため、甲骨文字などでは簡略化が進んだ。図0-6の②は甲骨文字の「東」であるが、編み目の表現が簡素になっている。そのほか、甲骨文字や族徽には、簡略化の途中段階である「東」も見られる。

　ちなみに、「袋の形」を「ひがし」の意味に用いたのは、「仮借《かしゃ》」という方法であり、発音による当て字である。当時は、「ふくろ」を表す言葉と「ひがし」を表す言葉の発音が同じか近かったため、前者の形によって後者の概念を表示したのである。

　このように、文字は用途によってその表現が変化するのであり、それは後の時代でも同様であった。殷王朝に続く西周王朝（紀元前十一～前八世紀）の時代の文字資料は金文が中心であるが、高価な青銅器に鋳込まれるため、字形の繁雑さは問題にならず、簡略化はあまり進んでいない。

　しかし、その後の東周《とうしゅう》代（紀元前八～前三世紀。春秋戦国《しゅんじゅうせんごく》時代とも）になると、特に後半の戦国時代（紀元前五～前三世紀）に官僚制が普及し、識字率が大幅に上昇した。同時に、さまざまな思想も発達し、竹簡《ちっかん》（竹の札）を媒体として行政文書だけでなく思想書も大量に作られた。そうした状況では、文字の書きやすさが重視され、簡略化が進んだ。図0-7の

①は出土した竹簡の一例である。
甲骨文字や金文の段階では、絵文字に由来する視覚的な表現（「象形性《しょうけいせい》」と呼ばれる）がなお多く残っていたが、戦国時代の竹簡文字ではそれが喪失していった。ただし、正式な字体として引き続き金文も作られており、繁体《はんたい》（繁雑な字体）と略体《りゃくたい》（簡略化された字体）が併用されていた。

その後、紀元前二二一年に秦《しん》の始皇帝《しこうてい》によって中国が統一された。始皇帝は正式な字形として金文体に近い「篆書《てんしょ》（小篆《しょうてん》）」を定めており、図0‐7の②は始皇帝が作らせた碑文の一部である。ただし、官僚層の間では竹簡文字に由来する略体も使われ続けた。

さらに、後漢代（西暦二五～二二〇年）には媒体として紙が普及し、太い筆で文字が書かれるようになった。当時の正式な書体である隷書《れいしょ》（八分隷書《はっぷんれいしょ》）は、長い横画の末端に払い（「波磔《はたく》」と呼ばれる）があることが特徴であるが、筆勢・筆法が重視され、複雑な曲線が

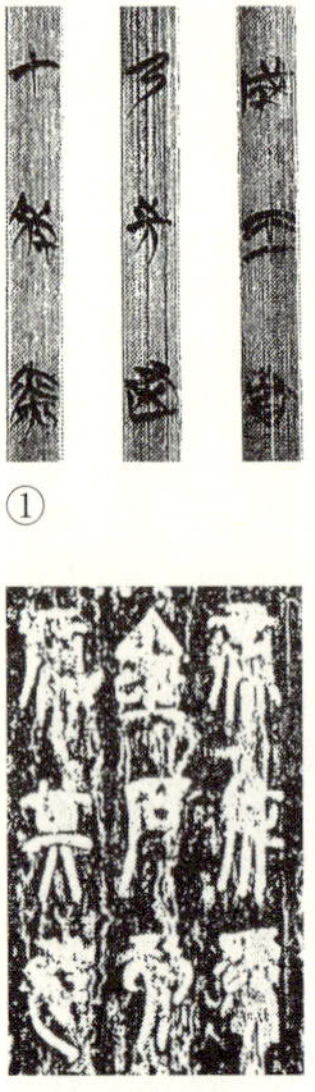
①
②
③

図0-7　竹簡文字・篆書・隷書の例

使われなくなった。図0－7の③は後漢代の碑文の一例である。結果として、篆書まではいくらか残っていた象形性も、隷書でほぼ失われた。これを継承したのが現在も使われている楷書《かいしょ》である。現在の楷書も象形性がほとんど残っておらず、もはや楷書の「東」は「両端を縛った袋の形」には見えないだろう。

ただし、点画ごとに見ていくとその成り立ちを反映したものも多く、漢字の字形の歴史を知ることで点画の意義も理解できる。前掲の「東」についても、楷書のうち上部の「十」と下部の「木」が結び目の形を反映しており、「田」のような部分が編み目の表現に由来している。点画ごとの成り立ちの意義や字形の変遷については、本書のテーマではないので詳述しないが、詳しく知りたい方は、拙著『漢字の成り立ち図解』（人文書院）や『漢字の字形』（中公新書）をご参照いただきたい。

以上に述べた漢字の歴史を簡単にまとめたのが次頁の図0－8である。なお、隷書の字形には、篆書を継承したものと竹簡文字を継承したものの両方が混在している。前述のように、漢字の歴史は単線的には捉えられないので注意が必要である。

図と表について

本書は、第一章以降で族徽について図示・解説し、また後代の漢字との関係や字形変化な

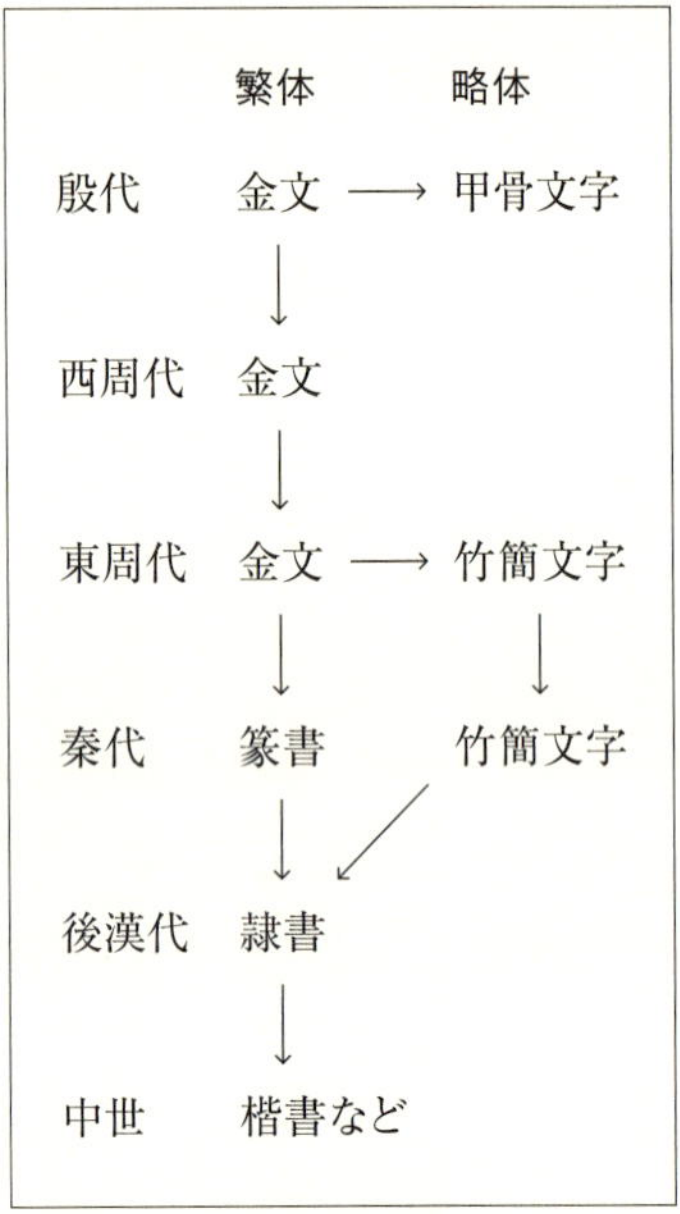

図 0-8　漢字の字体の推移

どについても言及する。

まず図について、ここまでにも、いくつかの族徽や甲骨文字などを挙げたが、黒地に白字の状態になっている。これは「拓本《たくほん》」という転写方法であり、対象物に紙を押しつけ、その上から墨を塗布すると、窪んだ部分が白く浮き上がるのである。

骨や甲羅に彫刻された甲骨文字だけではなく、金文（族徽を含む）も窪むように鋳込まれることが多いので、拓本が重要な転写方法となる。そのため、これまでに発見された族徽は、その多くが拓本の形態で発表されている。そのほか、青銅器本体が早い段階で失われてしまった場合、手書きの模写（「摸《も》本《ほん》」と呼ばれる）しか残っていない場合もあるが、摸本は内容や形状が必ずしも信頼できないので、本書でもできるだけ摸本は使用しないようにした。

なお、かつては族徽を含めて金文は多数の拓本集に分散して掲載されていたため、扱いが難しかったのだが、一九八〇年代に多数の金文を収録した『殷周金文集成《いんしゅうきんぶんしゅうせい》』が編纂され、一括して扱えるようになった。その後も多数の金文が発掘・発見されており、拓本集も出版されているが、『殷周金文集成』が最も便利であるため、本書は主にここから拓本を引用している（二〇〇七年刊の修訂増補版を使用）。

そのほか、近年では写真の撮影技術も向上しており、本書でも拓本より見やすい写真がある場合はそれを採用した。なお、本書の拓本・写真は、印刷した際に見やすいように、ソフトウェアによる画像の鮮明化を施した。

各設問では、族徽を四つ提示しており、出典は本書の末尾に掲載した。補足説明が必要な場合には下部の「※」の後に記載した。なお、「付加記号」は地位などを示すために加えられた記号であり（詳しくは第二章末尾のコラムを参照）、それを除いた部分が族徽にあたる。「祖先名」は青銅器を作った人物の祖先の呼称であり、祭祀の対象である（詳しくは終章後のコラムを参照）。付加記号や祖先名は本書の主題ではないので、省いて表示できる場合には画像をトリミングしている。ただし、密着していて省けない場合には全体を提示した。

また、本書では字形の変遷を表で示す。上が古い時代、下が新しい時代であり、推定される継承関係を矢印によって表示する。複数の時代でほぼ同一の字形が使われている場合には「＝」でつなげて同じ字形を表示する。当該時代の資料にその文字が発見されていない場合は、矢印を通過させている。同時代に並行して使われている異体字については、矢印が複雑になる場合や先後関係が判断できない場合には、「—」でつなげている。

ただし、異体字のすべてを挙げると繁雑になってしまうので、本書では基本的に楷書につながる系統を中心に掲載する。異体字などの詳しい継承関係を知りたい場合には前掲拙著をご参照いただきたい。

表のうち「族徽」は青銅器に記された族徽、「甲骨」は甲骨文字の字形である。また「西周」は西周代の文字資料、「東周」は東周代の文字資料に見られる字形である。「秦代」については篆書や統一後の秦王朝の資料のほか、統一前の戦国時代末期（紀元前三世紀）の資料も含んでいる。「隷書」は後漢代の碑文資料、「楷書」は現在の一般的な形を表示する。

各表で使用するフォントは筆者が出土資料などに基づいて作成したものである。ただし、金文や甲骨文字、あるいは竹簡文字については、媒体によって線の質が大きく異なるため、そのままでは継承関係が分かりにくい。そこで、族徽～秦代については、今でいう「丸ゴシック体」に近い方法でフォント化し、継承関係を理解しやすくしている。また隷書は八分隷書の一般的な形状をフォント化した。

第一章

動物に由来する族徽

古代中国の動物観

第一章では、動物に由来する族徽《ぞくき》を紹介する。古代中国の族徽には、動物が多く見られることが特徴である。一方、植物を元にした族徽は少なく、日本の家紋に「三《み》つ葉《ば》葵《あおい》」や「五《ご》三《さん》の桐《きり》」など植物が多いのとは大きな相違である。

殷《いん》代の甲骨文字に記された動物には、大きく分けて三種類があり、家畜、大型～中型の野生動物、そのほかの動物である。以下、順番に見ていきたい。

まず家畜であるが、古代中国では牛や豚などの食用家畜を多く飼育していた。日本は古代から農耕が食料生産の中心であったが、古代中国では家畜の肉が食料に占める割合が比較的高かったのである。

現代と同じく、当時も家畜の肉は穀物より高級とされており、王や支配階層が好んで食べていた。さらに、彼らは諸種の儀式において家畜を犠牲《ぎせい》（いけにえ）として使うことで、自身の経済力を誇示した。日本では、歴史的に米が豊かさの象徴とされることが多かったが、それが古代中国では家畜だったのである。

ただし、犠牲に使われたのは家畜であり、野生動物は使われなかった。野生動物は、大型～中型のものが狩猟で捕らえられていたが、祭祀では使われなかったのである。甲骨文字には、狩猟において鹿や猪などを獲得したという記述が多く見られる。

そして、甲骨文字では、狩猟の際に神の加護があるかどうかが占われている。どうやら、家畜は人から神へ捧げるもの、野生動物は神から人へ与えられるものという概念が存在したようである。神と人の間に一種の交換関係があると想定されていたのかもしれない。

そして最後に、祭祀にも狩猟にも関連しない動物だが、王朝側の史料である甲骨文字では関心がきわめて薄い。経済力や権力の構成に必要がないものは、王朝にとって価値が低かったのであろう。しかし、族徽ではそうした動物が使われることがある。このあたりは王朝と地方領主の間で認識の相違があったと考えられる。

族徽の意義について

ところで、それぞれの族はどのような理由で族徽を選択したのだろうか。この点について、かつては二系統の説があった。

ひとつは、その族が神聖視するものを選んだとする説で、「トーテム説」〔郭一九六二〕が代表である。トーテムとは、いわゆるネイティブ・アメリカンに見られる文化で、祖先神話において重要な自然や動物を具象的に表現したものである。古代中国も同様に、各族の神話に関わる事物を表現したものが族徽であるとする説である。

もうひとつは、王朝に対してどのような関係を持っていたのかを示したとする説で、「職能説」〔白川一九七二〕が代表である。諸族が王朝に対してどのように奉仕したのかを表示したものが族徽であるとする説である。

長年の議論があったものの、実際のところは、明らかに信仰を表示した族徽もあれば、職能としか考えられない族徽もある。詳しくは本章以降で述べていくが、族徽の由来は画一的ではなく、さまざまな理由があったと考えられる〔落合二〇一二・雒二〇一七など〕。

もう少し詳しくいえば、各々の族において自立性や独自性が重視されれば自己の信仰表現になりやすく、王朝との関係が重視されれば職能の表示などになったのであろう。

もっとも、族徽は詳しい記述を伴っていないので、個々の族徽が選択された理由を正確に分析することは難しい。例えば動物に由来する族徽であっても、それが重要な生業だったのか、それとも王朝への納入品を表現したのか、あるいは何らかの形で神聖視していたのかは判断が困難なのである。本書でも、確実な推定が難しい場合は、複数の可能性を併記する。

ちなみに、かつては金文（青銅器の銘文）が王朝によって管理されていたとする説もあったが、現在では、少なくとも西周代については否定されており〔伊藤一九八七〕、殷代についても王朝側の甲骨文字と各族が作った金文との間に暦の日付などの相違が多く、王朝の全面的な管理は考えられない〔落合二〇一二〕。青銅器に記された族徽についても、各々の族に選択権があったと考えられる。
一方で、王朝が青銅器工房を管理していたことも事実である。実際の経緯としては、各地の領主層からの依頼と費用納入を受けて、王朝の工房で青銅器が作られたのであろう。族徽部分の鋳造についても、王朝の工房に依頼するごとに微妙な（あるいは大きな）変化が起こり、後述するようなデザインのブレが生じたと思われる。そのほかデザインの細部が異なる理由として、時代による違いや工房の担当者の交替などが想定される。

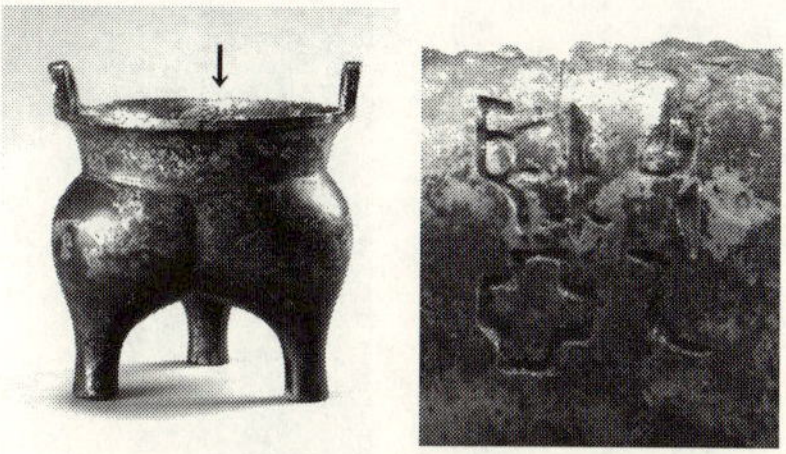

図 1-1　族徽とそれが鋳込まれた青銅器の例（阿辻 2016 から引用）。

なお、族徽を含めて金文は青銅器の内側に鋳込まれることが多く、図１－１にその一例を挙げた。拡大図は矢印部分の内側であり、族徽（左側）と祖先名の「父《ふ》乙《いつ》」（右側）が鋳込まれている。したがって、族徽を含めて金文は内的な性格が強く、少なくとも形の上では外部に対して積極的に公開する性質のものではなかったと考えられる。あくまでも第一義は祖先祭祀のための礼器であって、記録のための媒体というのは二義的なものだったのである。

動物に由来する族徽の例「牛族」

ここからは、いくつかの族徽を取り上げて解説する。まずは図1-2に挙げた族徽であり、いずれも牛の頭部を表している。それぞれの青銅器ごとに表現方法は若干の相違があるが、大同小異であり、同一の族を示したものと考えてよい。なお、③はやや目尻が下がっていて表情がユーモラスに見えるが、意図したものか、鋳造過程における偶然かは分からない。

いずれも上部に二本の角があり、その下に両目と両耳が表現されている。そして最下部には牛の鼻が描かれており、対象物の特徴をよく捉えている。後述するように、牛の頭部を簡略化したのが甲骨文字の「Ψ」であり、のちに楷書の「牛」になった。この族徽で表された族を、仮に「牛族」と呼ぶことにする。

現存の甲骨文字などには「牛族」に関する具体的な記述がなく、どのような一族だったの

図 1-2 「牛族」

かは明らかではない。ただ、敢えて牛を族徽にしたのであるから、牧畜を生業とする一族、あるいは王に家畜を貢納していた一族という推測は可能であろう。

　前述のように、古代中国では牧畜が盛んにおこなわれたが、特に牛が貴重品とされていた。牛は豚などに比べて成長が遅く、また草食で飼料も限られるため、飼育のコストが高く、それが貴重品とされた要因である。そして、殷王は牛を犠牲として使った祭祀を盛んにおこなっており、宗教的権威を構築すると同時に、自身の経済力を誇示していた。

　本頁の図は、古代中国で作られた牛を模した青銅器の写真である。表面に呪術的な文様が鋳込まれていたり、蓋の把手が小さな虎になっていたりと、現実的ではない部分もあるが、全体としては頭部の角や太い足など実在した牛を反映している。

「牛」の字形について、族徽の「〓」などは写実的な表現であり、絵文字というより絵に近い状態になっている。一方、甲骨文字では簡略化されており、「〓」の形が多く見られる（以下、次頁の図を参照）。「〓」のうち左右の上に突き出た線が牛の角を反映しており、それ以外の頭部は縦線になっている。

　下部の短い斜線については、目か耳の表現であり、族徽の

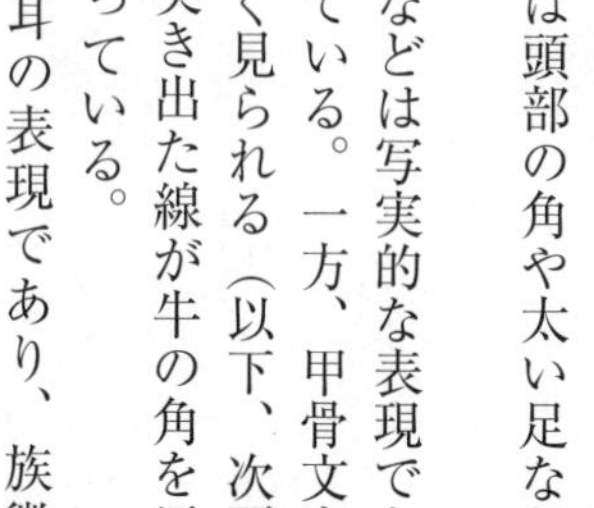

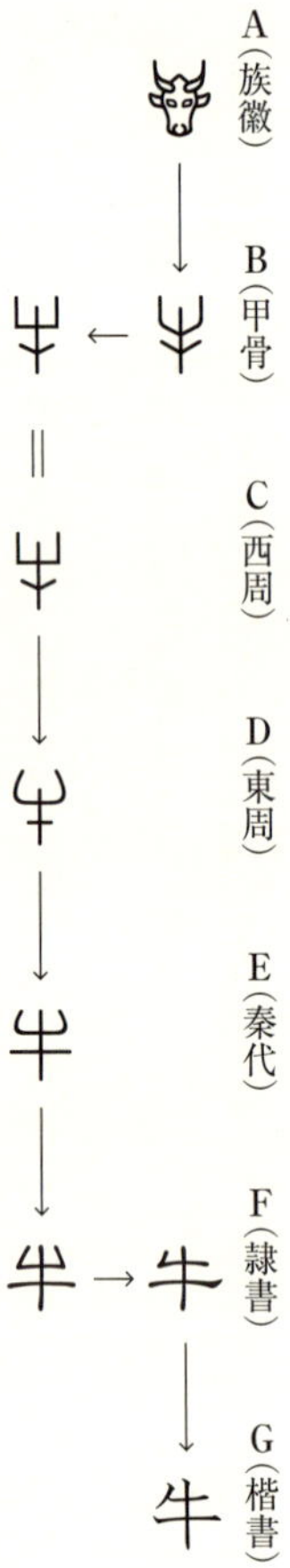

「〓」などの形から見て、両側に突き出た耳の可能性が高い。

殷代には線の角度を変えた異体字の「〓」があり、こちらが西周代の金文に継承され、その後、秦代には篆書の「〓」になった。隷書には、篆書を反映した「〓」も見られるが、片方の角を簡略化した略体の「牛」も使われている。そして後者が楷書に継承され、「牛」になった。本来は二本の角を表現した文字であったが、楷書では片方が欠けたような形になっている。

動物に由来する族徽の例「象族」

図1-3に挙げた族徽も分かりやすい例であり、いずれも動物の象を表現している。この族徽で表された族を仮に「象族」と呼ぶ。

当時の中国は、温暖化が進んでいる現在よりもさらに暖かかったと推定されており、王朝の都があった黄河流域にも象が広く生息していた。次頁の図は、古代中国で作られた青銅器であり、やはり前掲の牛と同様に表面に呪術的な装飾がほどこされているが、全体としては長い鼻や大きな爪のある太い足など、象の特徴をよく捉えて作られている。当時の人々が生きた象を見てこれを作ったことが明らかである。

象族は、おそらくその居住地付近に象が生息しており、そのため族徽に用いたのであろう。象族の領主は、甲骨文字では地方の大勢力であることを表す「侯《こう》」の称号で呼ばれることもあり、大きな力を持っていたようである。

殷代には多くの野生動物が狩りの対象になっていたが、甲骨文字によれば、象もそれに含まれた。甲骨文字には象を狩るかどうかの占いや、実際に象を捕獲したという記述などが見

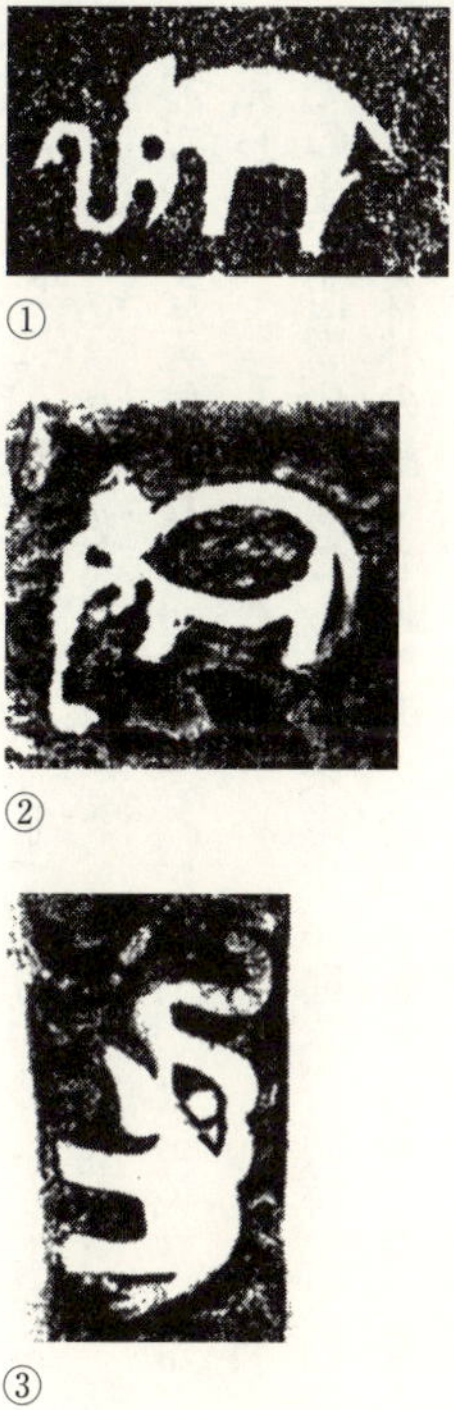

図 1-3 「象族」

られる。さらに、当時は象を捕獲して飼育することも試みられていたようで、甲骨文字には「象を省《しょう》（視察）するに、易日《えきじつ》（おだやかな天候）なるか」のように、王が象を視察する記述も見られる。

その後、西周代中期ごろから寒冷化が進み、同時に人口増加にともなう森林の減少も起こったため、黄河流域からは象が姿を消した（長江流域には中世まで生息）。

象族の族徽については、表現方法にやや大きな違いがある。①が最も分かりやすい描写であり、太い胴体や大きな耳が表されている。また象は鼻を器用に動かして物をつかんだりするが、それを反映して鼻の先端が二股になっている。

一方、②は鼻の描写が簡易になっている。また③は全体が縦向きになっており（左に足がある）、そのほか目を強調表示したり、尻尾に毛がある状態を表現したりするなど違いが大きい。なお、縦向きにするのは後述する甲骨文字と同じ表現である。

文字としての「象」は、甲骨文字では「」の形になっている。これは鼻の表現が前掲図①や③よりも②に近い。また縦向きになっていることと尻尾の毛が表現されているという点

で③と共通している。おそらく両者を折衷した字形なのであろう。甲骨文字や金文は縦書きなので、行の幅からはみ出るような横に長すぎる字形は好まれない。そのため、「象」に限らず、普通に書くと横長になってしまう形については、縦横の向きを変える例が多い。

その後、秦代の篆書では「象」の形になっており、元は象の姿だったことが分かりにくくなっている。あるいは黄河流域の象が絶滅したために象形性が弱くなったのかもしれない。これを継承したのが隷書の「象」や楷書の「象」である。楷書については、象の姿との継承関係が分かりにくいが、上部の「ク」のような形が象の鼻に由来している。

A（族徽）　B（甲骨）　C（西周）　D（東周）　E（秦代）　F（隷書）　G（楷書）

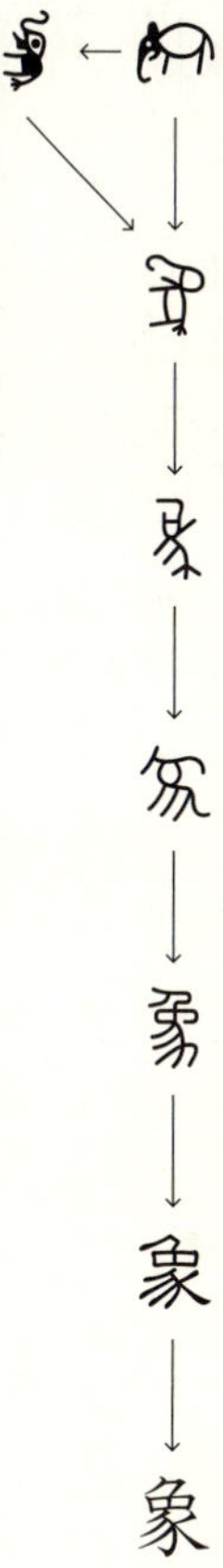

動物に由来する族徽の例「魚族」

次は魚を元にした族徽である。図1－4の族徽は、いずれも上に頭、下に尾びれが表され、魚類の特徴を備えている。また左右には背びれや腹びれが描かれている。ただし、いずれも特定の種を表したような描写ではない。古代中国では内陸部の方が発展が早く、王朝の首都も内陸に置かれたので、淡水魚の一般形と思われる。

表現方法に相違があり、①は魚の形状をリアルに描いているが、②はやや簡略化され、また口を大きく開けた状態になっている。さらに③はデフォルメされており、特に頭部の表現が面白い。また③は鱗が丁寧に描かれているという特徴がある。

甲骨文字では、「魚」が「さかな」の意味のほか、殷王朝の支配下の土地としても使われており、「魚族」はその地に居住していた一族であろう。

なぜ「魚」を族徽にしたのかについて、ひとつの可能性として、漁労を生業とした一族だったということが考えられる。中国には大小さまざまな河川が流れており、漁労に従事した人々も多かった。甲骨文字にも漁労に関する記述が見られる。

もうひとつの可能性として、神聖なものの表示だったとも考えられる。新石器時代の土器

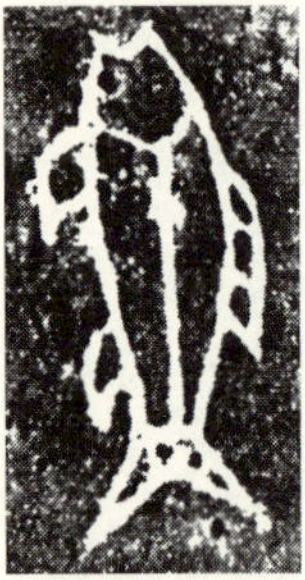
①

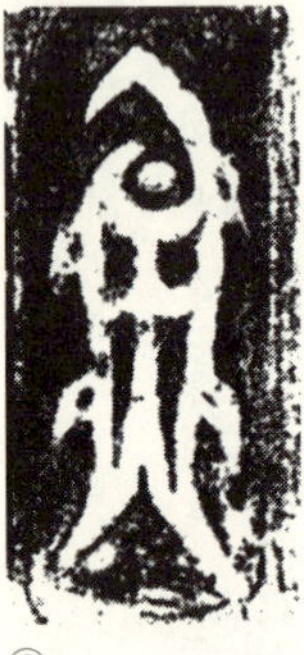
②

③

図 1-4 「魚族」

には、魚を描いたものが多く見られ、本頁の図はその一例である。自然への信仰なのか、あるいは魚が卵を多く産むことから子孫繁栄の象徴とされたのかは分からないが、族徽についても彼らの信仰対象が選択された可能性がある。

もし王朝との関係を重視したならば漁労が起源であり、独自の信仰を重視したならば何らかの形で神聖視していたものということになるが、甲骨文字などには魚族に関する詳細な記述がなく、いずれが正しいかは現状では分からない。

文字としての「魚」について、甲骨文字では口を開けていない「」などの形が使われており、族徽のうち①の表現に近いが、西周代の金文では「」の形になっており、族徽のうち②や③を継承した可能性がある。

時代として西周代の金文よりも殷代の甲骨文字の方が古いので、それに近い「」を原型として表を構成したが、新石器時代の土器でも口を開けた形になっている（本頁の図を参照）ので、「」の系統の方が原型かもしれない。

その後、東周代には「」などの形が使われたが、尾びれの部分が火（）とほぼ同形になっている。これを継承したのが隷書の「魚」や楷書の「魚」であり、下部が火の別体の「灬」になっている。ただ

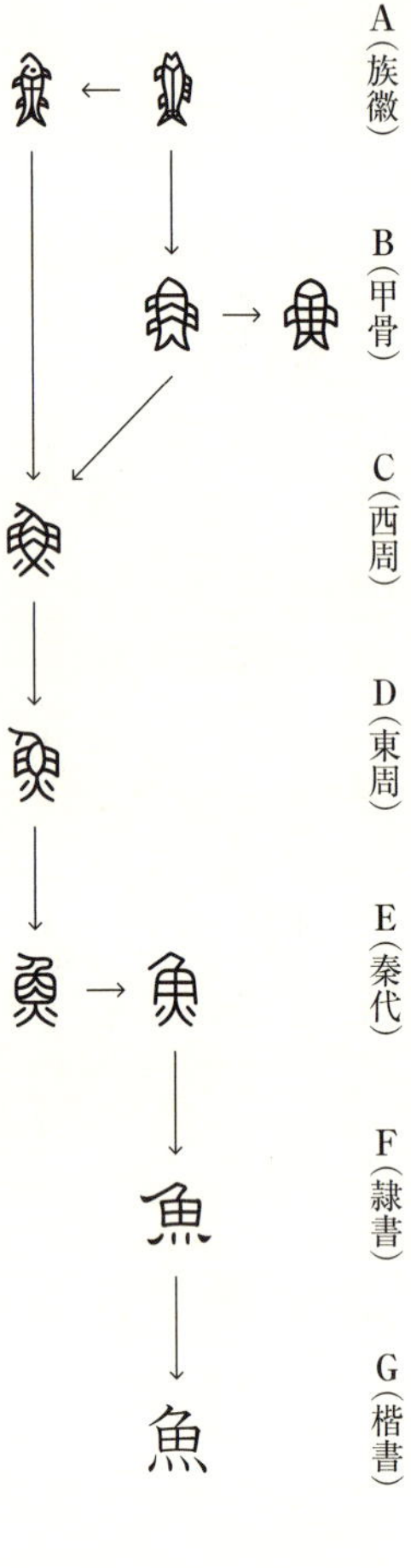

し、「火」は火が燃える様子を表した文字（甲骨文字では「」などの形）であり、成り立ちとして関連はない。偶然の同化である。

そのほか、楷書の「魚」のうち、上部の「ク」のような形が口にあたり、「田」のような部分が鱗のある胴体の表現である。背びれと腹びれについては、東周代の「」まで残っていたが、秦代の篆書の「」などで省略された。

ここまで動物に由来する族徽について例を挙げて解説したが、次からは設問形式とする。

それぞれ最初のページで同一族の族徽と推定されるものを四つ挙げる。そして解答では、それが何を表したものかと簡単な解説を一つめのページで述べ、その後、二つめのページ以降でより詳細な解説や周辺情報などを提示する。

第１問

これらの族徽はどの動物を表したものか？

①

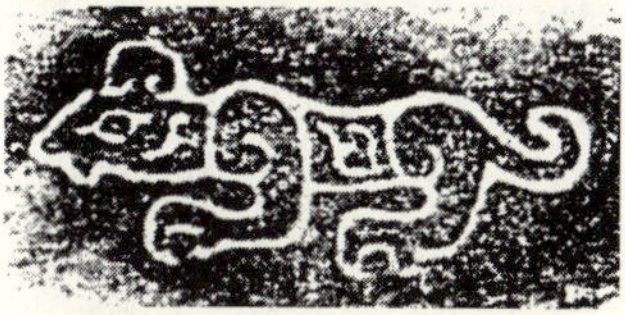

②

③

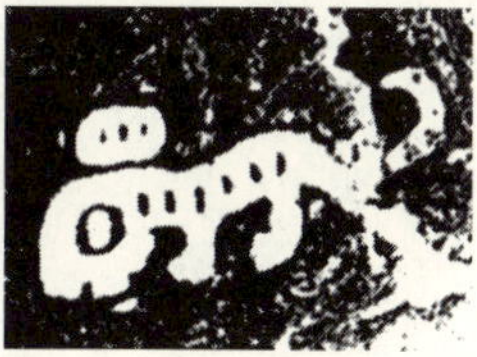

④

※③は写真。④は表現方法がやや異なる。

第1問の答え

虎

①～③は、いずれも胴体の縞模様や足の鋭い爪が表現されており、虎の身体的特徴をよく捉えている。また口を大きく開けた頭部や丸まった尻尾も写実的に表現されている。

一方、④はやや表現が異なっており、頭部に耳ではない何かが付されている。「理念的な角《つの》」とする説（林一九六八）もあるが、貴人が冠をかぶった様子を表した族徽（本頁の図。漢字の「竟《きょう》」にあたる）でも使用されており、冠の表現と考えるのが妥当である。

古代中国では、動物を神格化することがあり、その象徴として冠の形が使われた。甲骨文字では冠の形がやや簡略化された「∀」や「∇」で表現されており、例えば、神格化された鳥である鳳凰《ほうおう》は、鳥の形である「隹《すい》（）」のうち羽の部分を強調し、それに冠を加えた「」で表示されている。

なお、甲骨文字には「虎」の土地に関する詳細な記述がないが、「虎族」については族徽で冠を加えて表現したのであるから、単に虎が生息していたというだけではなく、信仰の対象だったと思われる（①～③と④は別の族という可能性もある）。

解説

古代中国では、黄河流域に虎も生息しており、人々に恐れられた。牧畜をおこなっていたため、家畜を襲う敵という意味もあり、狼とあわせた「虎狼《ころう》」は残忍な人間の比喩として用いられている。虎は象よりも寒冷化に強いため、黄河流域に長く生息しており、東周代の文献にも「苛政《かせい》は虎よりも猛《たけ》し」（『礼記《らいき》』）などの記述が残されている。ただし、獰猛《どうもう》な虎を狩ることは軍事力を誇示する絶好の機会であり、当時の王侯は軍隊を率いて虎狩りをおこなっていた。甲骨文字や金文には、王が臣下に虎の毛皮を与える例も見られる。

このように、虎は畏怖の対象であり、神格化されて冠を付けて表示されたのも自然なことと言えるだろう。ちなみに、冠の形は「虎」とも「竟」とも別の族徽として単独で見られる（本頁の図を参照）が、文字としては残っていない。

文字としての「虎」は、甲骨文字でも「」［B－1］と「」［B－2］の二系統があり、前者は冠の表現（V）があるもの、後者はないものである。いずれも縦書きの書法にあわせて向きが変えられており、また縞模様や鋭い爪、あるいは牙のある口などが表現されている。

その後、西周代に継承されたのは後者の略体である「」［B－

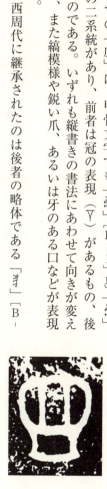

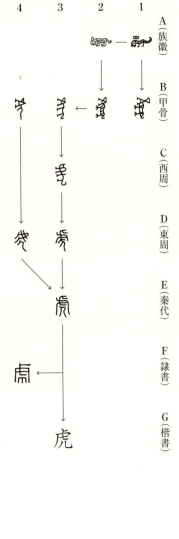

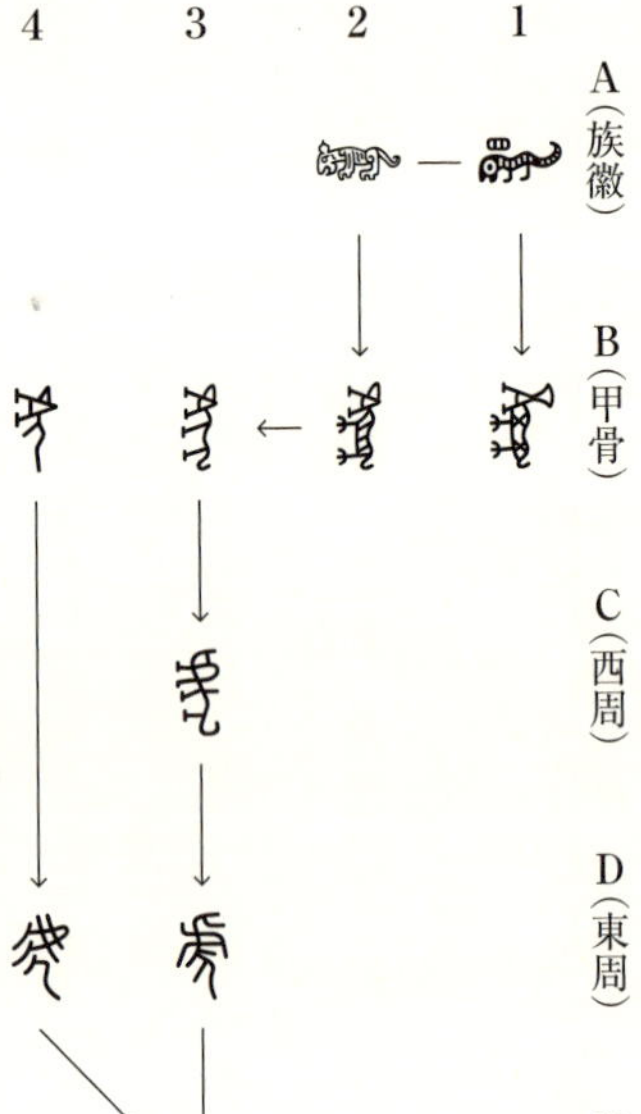

3」であり、胴体の縞模様が省略されている。さらに、東周代に虎の頭部が変形しており、これが楷書の「虎」のうち「虍」の部分の原型になっている。

一方、西周代以降には「」の系統は残っていない。後の時代にも白虎《びゃっこ》（西方を司る神格）の信仰は見られるが、文字としては冠の形は表現されなくなっている。

そして、秦代に篆書とされたのが「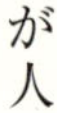」であり、下部が人の形の「儿《じん》」（篆書では「」）になっている。実は、甲骨文字には「」とは別に「虎の面をかぶった人」を表す「」があり、この系統が影響したと考えられる。

第２問

これらの族徽はどの動物を表したものか？

③

①

④

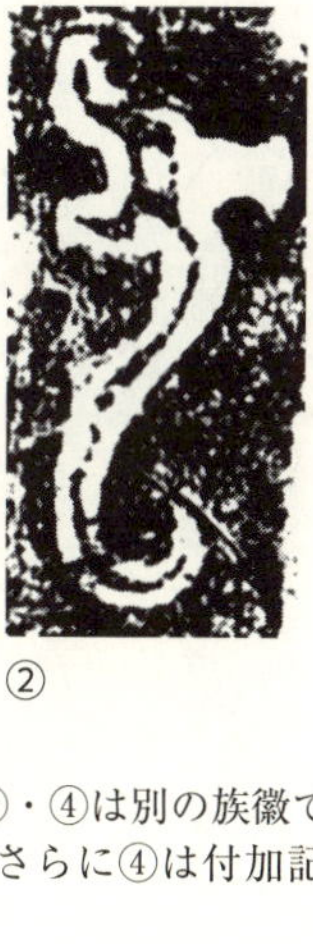

②

※厳密には「想像上の動物」である。③・④は別の族徽であり、下部に両手の形（𠬞）を加えている。さらに④は付加記号の亜（亞）を用いている。

第2問の答え　竜

竜は、蛇を神格化したものであり、蛇の側面形（「」の部分）の頭部に冠をつけて表示している。族徽のうち、①は標準的な冠の形を使用しているが、②～④はそれぞれ異なる表現をしている。

古代中国では竜が信仰されており、「竜族」もそうした信仰を持った一族と考えられる。甲骨文字によれば、竜族は一時的に王朝と敵対しており、「王これ竜方《りゅうほう》を伐《う》たんか（方は敵対勢力であることを表す）」などの記述がある。王朝から自立する傾向にあったようで、自身の信仰を族徽にしたことも、そうした自立性と関係していたかもしれない。

発掘された遺物にも竜をモチーフとしたものが多く、青銅器の文様（「竜文《りゅうもん》」という）や竜を模した玉器（「玉竜《ぎょくりゅう》」という）などに見られる。本頁の図もその一例であり、青銅器の盤《ばん》（水を入れるボウル）の底に首をもたげた竜が鋳込まれており、水を入れることで水面下から首を出した竜を演出する。

解説

古代中国では竜が広く信仰された。中国では、蛇が水辺にいることが多かったようで、そのため蛇を神格化した竜は水神とされた。甲骨文字にも竜に対する雨乞いが見られ、「竜は其《そ》れ雨《ふ》らしむる亡《な》からんか」などの記述がある。

古代には黄河や長江といった大河の周辺で都市が発達したが、当時は治水の技術が未発達であり、洪水が頻発した。そうした背景もあって、水神である竜の信仰が広まったと考えられる。その後の時代にも竜の信仰は長く続いており、また皇帝の代名詞ともされた。「竜《りゅう》顔《がん》」や「竜車《りゅうしゃ》」は、それぞれ皇帝の尊顔と皇帝が乗る駕《が》車《しゃ》を指している。

文字としての「竜」は、甲骨文字でも表現が多様であり、族徽の①に近い「」［B－1］もあれば、②に近い「」［B－2］も見られる。後代に継承されたのは前者であり、西周代の「」で竜の牙を強調した形になっている。

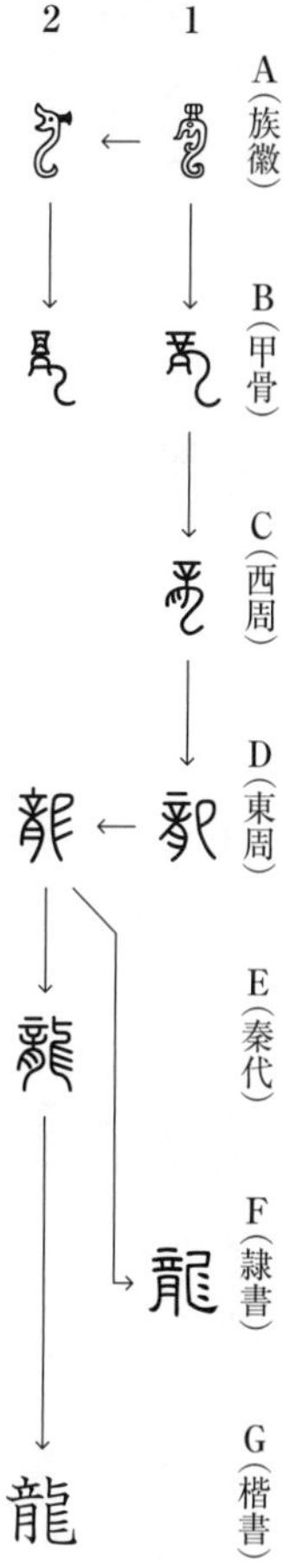

さらに、東周代の「〓」〔D－1〕では頭部と胴部が分離した。これを継承したのが楷書の旧字体の「龍」であり、冠の形が「立」になり、また牙を強調した頭部が「月」のような形になっている。竜（龍）に限らず、冠の形が文字の一部として使われた場合、楷書では「立」の形になっていることが多い。ただし、「立」は人を正面から見た形の大（甲骨文字では「〓」）が地面の上に立っている様子を表した形（同「〓」）であり、別の文字が楷書に至る過程で偶然に同形になったものである。

なお、族徽のうち③と④は「竜」とは別の族徽であり、両手の形の「廾《きょう》（〓）」を加えていて、「龏《きょう》」という文字にあたる。「廾」または「竜（龍）」を単なる発音符号とする説もあるが、「廾」は物を捧げる様子に使われることが多いので、文字全体で「竜を奉じる様子」を表したと考えるのが妥当である。「龏族」も同じく竜神を信仰した族だったのだろう。

ちなみに南方地域では、竜のモデルとして蛇ではなく鰐《わに》が使われており、手足を描くことが多かった。族徽のうち④には手が表現されており、南方文化の影響があった可能性がある。

また文字としての「竜（龍）」についても、東周代の「〓」〔D－2〕で胴部に線が加えられており、これも手足の表現の可能性がある。その後、秦代の篆書の「〓」でより複雑化し、これが旧字体の「龍」に継承された。なお、後漢代の隷書までは、東周代の「〓」に近い「龍」の形が残っていた。

これらの族徽はどの動物を表したものか？

③

①

④

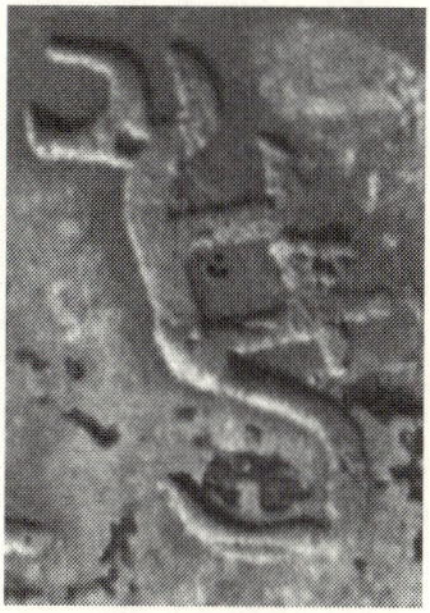

②

※②は写真。

第3問の答え　犬

向きの違いはあるが、いずれも「虎」よりも華奢《きゃしゃ》な体軀《たいく》で、また丸まった尻尾や頭部の耳などが表現されており、犬を表した族徽である。

それぞれの族徽には描写方法に相違もあり、③は爪がなく、それ以外も爪の表現方法が異なる。頭部についても、④が最も簡略化されていて目が表示されておらず、①・②・③もそれぞれ違う描写がされている。ただし、いずれも動物の犬を表していることが分かりやすく、同一族の族徽と考えられている。

「犬族」は、甲骨文字では領主が「犬侯《けんこう》」と呼ばれており、西方の大族であった。甲骨文字によれば、のちに王朝を樹立する周が一時的に殷王朝と対立した際に、殷王によって犬侯が動員され、協力して周を攻撃している。

なお、②については、人によっては「下から光が当たって族徽が盛り上がっている」ように見えるのだが、実際は「上から光が当たって族徽が窪んでいる」が正解である（目の部分が盛り上がっていることを意識すると分かりやすい）。凹凸は光の当たり方の判断が難しく、見間違いやすい。こうした現象は月や火星のクレーターの写真でも見られるため、「クレーター錯視」と呼ばれている〔北岡二〇〇七〕。

解説

犬は最も歴史の長い家畜であり、旧石器時代から飼育されていた。狼が家畜化されたものであり、遺伝子的には未分化であるが、生態的には大きく異なっている。人が犬を利用し、犬は人に飼われることで繁栄しており、両者は共生関係にあると言える。

犬は、古代中国では狩猟犬や番犬のほか、食用犬としても飼われていた。「犬族」についても、何らかの形で犬を利用していた集団と思われるが、詳細を述べた文字資料は発見されていない。

そのほか甲骨文字では、王が臣下の人物を「犬某」と呼ぶ例もあり、おそらく「犬のような忠義者」の意味であろう。後代には、どちらかと言えば卑しい存在とされ、身分の低さを比喩した「犬馬《けんば》」や「犬羊《けんよう》」などの言葉も作られたが、殷代には認識が異なっていたようである。

文字としての「犬」については、甲骨文字などの表現に近いのは族徽のうち④であり、犬の下顎と耳が直線で表示されている。ただし、これは最も新しく出現した形であり、むしろ甲骨文字などの影響を受けた可能性が高い（便宜上、表では最上部に配置している）。

甲骨文字のうち、これに近いのが「」であり、足の爪が表現されている。ただし、略体の「」も併用されており、後代に継承されたのはこの系統である。

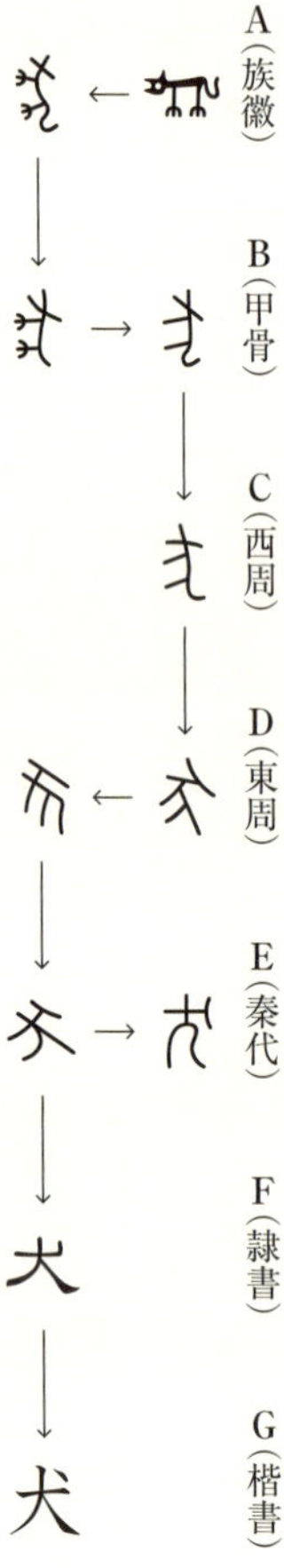

その後、西周代には「〓」の形、東周代には「〓」の形になっており、この段階までは、元が犬の形であったことが分かる。しかし、東周代の異体字の「〓」や秦代の「〓」では犬の姿が崩れており、秦代の篆書の「〓」や後漢代の隷書の「〓」では、元が犬だったことがほとんど分からない状態である。

ただし、点画ごとに見ていくと、甲骨文字のうち「〓」がある程度、楷書にも反映されている。「犬」のうち、一画目（横線）の前半が前足、後半が上顎の一部である。また二画目（左の払い）の前半が下顎、後半が後足であり、三画目（右の払い）が尻尾である。四画目（点）については、「犬の耳」とする俗説もあるが、表を順に見ていくと分かるように、秦代の「〓」から隷書の「〓」に変化する過程で耳は消滅しており、実際には上顎の一部が分離したものである。

第４問

これらの族徽はどの動物を表したものか？

③

①

④

②

第４問の答え

羊

いずれも羊を表しており、その特徴である曲がった角が描かれている。ただし、表現方法が大きく異なっており、①は全身像の側面形、②～④は頭部の正面形であり、後者はかなり簡略化されている（横線は頭部と角の部分を分ける記号）。

なお、①のような全身像を表示した族徽はごく少数であり、また表現方法が大きく違うので、あるいは別族のものかもしれない。

本頁の図は殷代の青銅器であり、酒樽の四隅に羊を模した飾りを付けている。いずれも立派な角を写実的に表現しており、きわめて高度な技術で作られている。

「羊」は、甲骨文字では動物の羊のほか、殷王朝の支配下の地名として記されており、「羊族」の居住地と推定される。羊族は、おそらく主に羊を飼っていた族なのだろうが、甲骨文字では穀物の収穫や牛の骨の納入に関連して記述されており、多様な形態で生産をしていたようである。

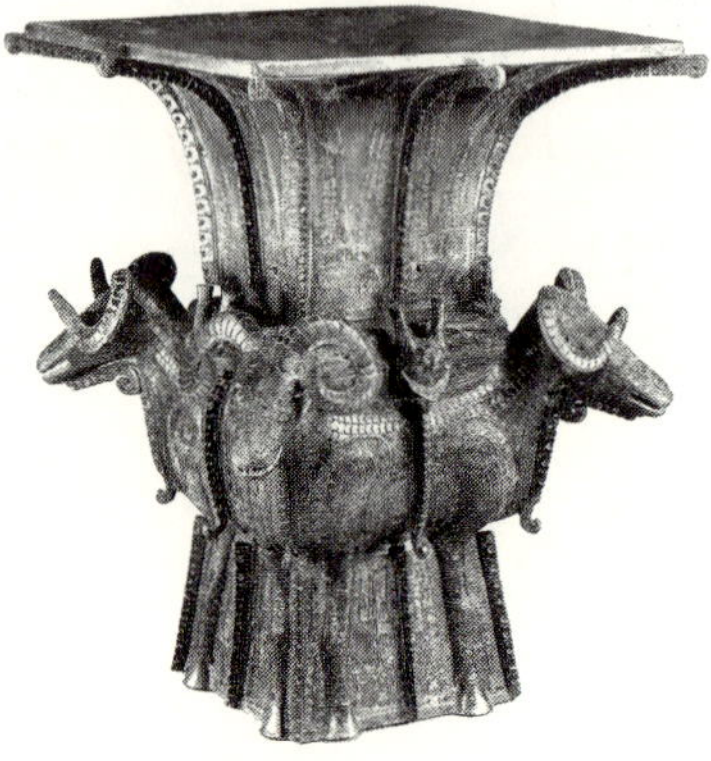

解説

族徽だけを見ると、①が原型で、その略体として②と③、そして④の順で作られたようにも思われる。しかし、新石器時代の仰韶《ぎょうしょう》文化の陶文には、羊の頭部を表した可能性がある「」が見られ（一四頁参照）、角の表現は④に最も近い。もしこれが原型であるならば、むしろ④から再意匠化したのが①〜③であるという想定をする必要がある。

現状では、新石器時代の陶文と漢字の間に直接の継承関係があることは証明されていないので、簡単には判断できないが、必ずしも単純な関係ではないことに注意が必要である。

動物としての羊は、群れで行動する傾向が強いため、放牧・遊牧に適している。殷王朝内部の農耕民（定住民）は豚を主に飼育し、また王朝としては牛を重視していたが、西北辺境の人々は羊を主に飼育していたようで、彼らは「羌《きょう》」と呼ばれた。

「羌」は甲骨文字では、羊の角（）の飾りを身につけた人（）の姿である「」という形で表示された。彼らが主に羊を飼っていたことを表したと考えられている。また、異体字には「」というものがあり、「」は編んだ紐の形であるが、遊牧民に多く見られる弁髪《べんぱつ》を表したとする説が有力である。楷書には前者が残り、「羊」の上部と人の形の「儿」で「羌」になった。

もっとも、殷代の「羌」の後身とされる周代の「姜《きょう》」の人々は定住民なので、羊の角は、

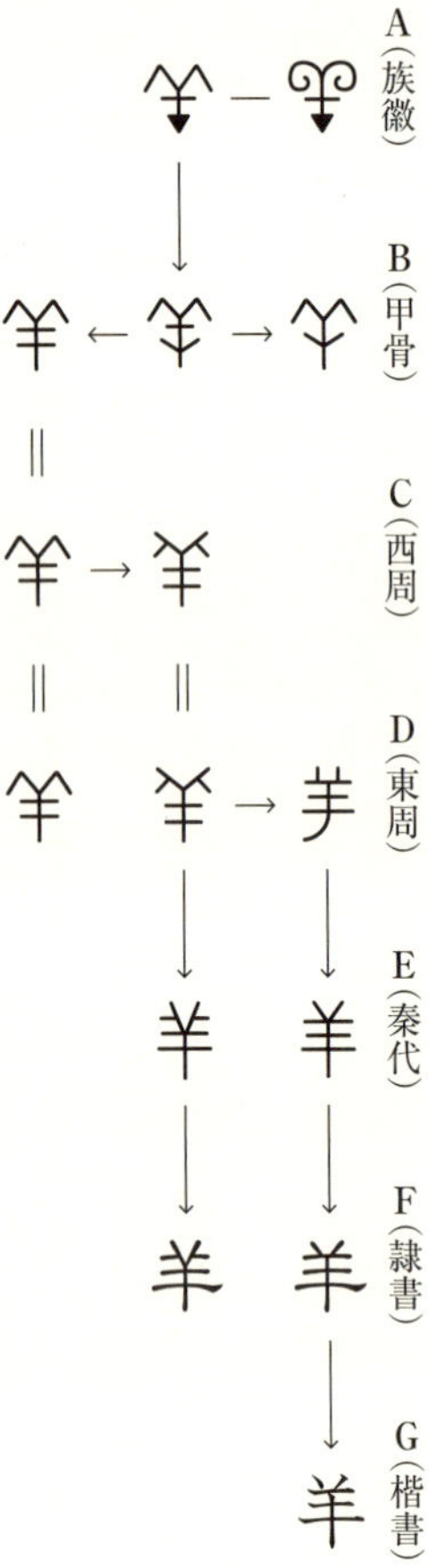

遊牧民の表示ではなく単なる装飾品だった可能性もある。

文字としての「羊」については、族徽のうち④に近い形が後代に残った。甲骨文字でこれに最も近いのは「羊」であり、牛（牛）の場合（三七頁参照）と同様に目の部分が短い斜線によって表示されている。甲骨文字では角と頭部を分ける線を省いた「羊」が主に使われたが、それとは別に、「羊」のうち目の部分を横線にした異体字の「羊」も少数だが見られ、これが後代に継承された。

その後、西周代には角の表現を変えた「羊」が作られ、また東周代にはその略体の「𦍌」が作られた。この二つの系統は、秦代（羊・羊）や隷書（羊・羊）でも併用されたが、最終的に楷書で略体の「羊」に統一された。

第５問

これらの族徴はどの動物を表したものか？

③

①

④

②

※③の右下は父祖名の「祖甲」、④の下部は父祖名の「父癸」。

鳥

いずれの族徽も、たたまれた翼や爪のある足が表現されており、とまった鳥の姿である。また、表現方法は異なるが、すべて嘴《くちばし》が描かれており、鳥であることが分かりやすい。特定の鳥種ではなく鳥類の一般形であり、文字としては「鳥」にあたる。

甲骨文字には「鳥族」に関する詳細な記述がないが、①や③は冠のような形が表示されており、その族が何らかの形で信仰した対象だったと思われる（あるいは①③と②④は別の族徽かもしれない）。

なお、鳥を表す文字としては、「鳥」のほかに「隹《すい》」（甲骨文字では「」）がある。中国最古の字源字典である『説文解字《せつもんかいじ》』という文献（西暦一〇〇年に成書）では、「鳥」を長尾の鳥、「隹」を短尾の鳥と説明しているが、実際にはそのような使い分けはなく、「鳥」の略体が「隹」というだけである。

そのため、文字の部首として鳥と隹が入れ替わることは多く、鷺《ろ》とその異体字の〓《ろ》（いずれも鳥のサギを指す）や、雛《すう》とその異体字の鶵《すう》（いずれも鳥のひなを指す）のような例がある。

解説

古代の資料には、個別の鳥種を表す文字もいくらか見られる。例えば、トビ（トンビ）を表す「鳶《えん》」という文字は、族徽では鳥の頭部に「戈《か》（）」という武器を加えた形で表示されている（本頁の右の図）。武器によって猛禽《もうきん》類の獰猛さを抽象的に表現したものである。後に「戈」が「弋《よく》」に簡略化された。なお、武器の「戈」もまた別の族徽として存在しており（本頁の左の図）、長い柄の上部に刃物を取り付け、振り回して敵に突き刺す武器である。

そのほか、キジを表す「雉《ち》」は、矢で捕らえる鳥であるため、甲骨文字の段階から「矢（）」と「隹（）」を合わせた「雉（）」として表されていた（族徽には見られない）。また、ガチョウを表す「鵞《が》」は、ガーガーと鳴くから「我《が》」が用いられており、甲骨文字の段階では「我」と「鳥」を左右に並べた「」で表示されていた（楷書では異体字として「鵝《が》」も使われている）。

ところで、『詩経《しきょう》』や『史記』などの文献資料では、殷王朝の始祖である契《せつ》という人物が、母親が玄鳥《げんちょう》（燕）の卵を飲んだところ妊娠して誕生したとされている。こうした超自然的な出生の物語は「感生説話《かんせいせつわ》」と呼ばれる。そのため、かつては燕（あるいは鳥）が殷王朝のトーテムであると解釈する説もあった。

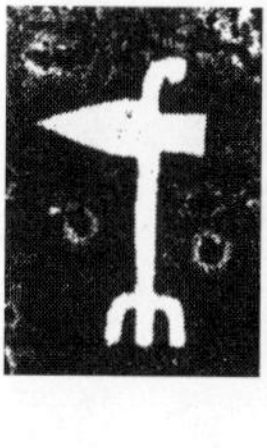

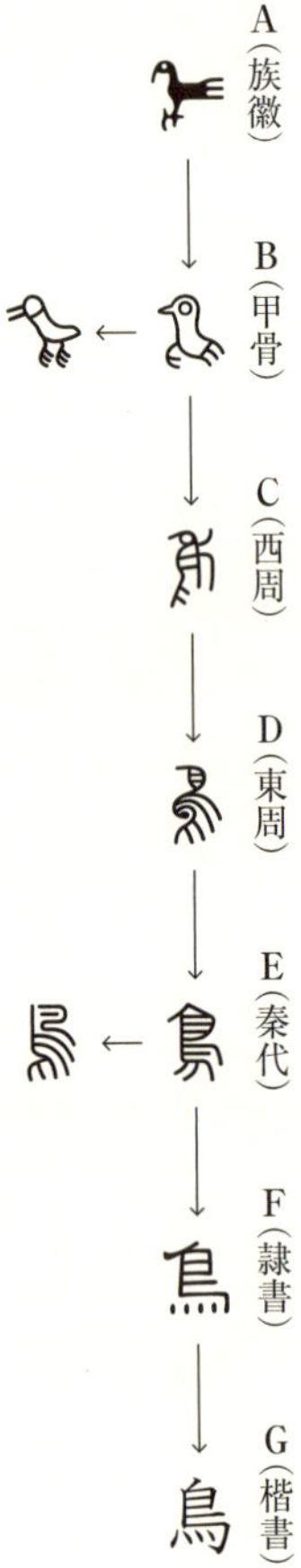

しかし、殷代の甲骨文字では、契は祭祀対象にはなっておらず、燕や鳥も特には神聖視されていない。つまり、これは殷滅亡後に形成された説話なのであり、玄鳥説話も殷王朝自身の信仰ではない。

実は、後に中国を統一する秦の祖先神話として、ほぼ同じ形の玄鳥説話が残されている(『史記』秦本紀)。秦の祖先のひとりである悪来《おらい》という人物が殷の最後の王である紂《ちゅう》に仕えたという説話があり、そうしたことから玄鳥説話が殷に結びつけられたのであろう。

文字としての「鳥」は、甲骨文字では「」などの形であり、族徽の④に近い(そのほか甲骨文字では「」や「」などが使われている)。その後、西周代には金文で「」の形が使われており、東周代の「」や秦代の「」で複雑化した。

さらに、隷書の「」でやや簡略化され、楷書の「鳥」になっている。楷書のうち、一画目の払いが鳥の嘴であり、上部の「日」のような部分が鳥の頭部と目である。

第６問

これらの族徽はどの動物を表したものか？

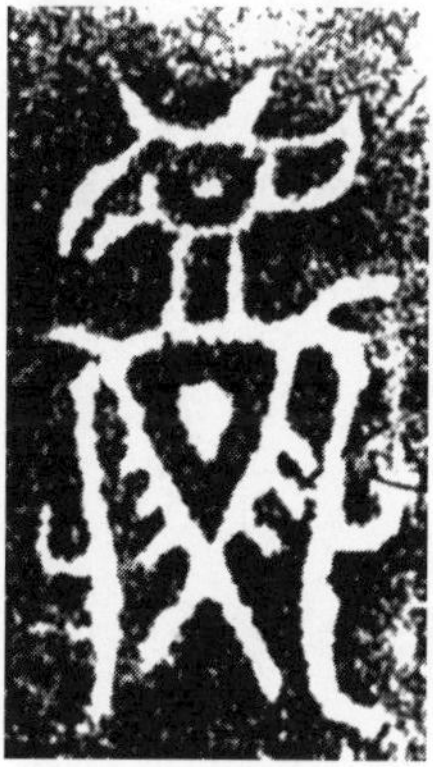

③

①

④

②

第6問の答え

鶏

いずれも上部にトサカが表現されており、鶏（雄鶏《おんどり》）の特徴を示している。族徽のうち①・②は特にトサカが強調されている。一方、③・④は略体であり、トサカの表現も最小限になっている。

また、短い翼によって飛べないことを表しており、これも鶏の特徴である。ただし、実際には鶏の翼は族徽の描写ほど短くはない。対象を分かりやすくしたもので、一種の抽象表現である。

そのほか、①・②は鶏の足が描かれているが、③・④は省略されている。また④は翼が変形して人間の両手の形（）に近くなっている（あるいは④は人が鶏を掲げている形で別の族徽かもしれない）。

「鶏族」については、おそらく養鶏が主産業だったのだろうが、甲骨文字や金文には詳細な記述がなく、何らかの神話を表示したものである可能性も否定できない。なお、甲骨文字には、「鶏」の土地で王が頻繁に狩猟をおこなったことが記されており、殷王朝の直轄地だったと考えられている。

解説

中国では、新石器時代の段階から鶏も飼育されており、犬ほど古くはないものの、豚と並んで早くから家畜化されていた。

ただし、甲骨文字には家畜としての鶏の記述がほとんど見られず、西周代の金文には文字としての「鶏」の使用すら確認されていない。王侯が食用にしたり祭祀に使ったりするのは、牛・羊・豚にほぼ限定されており、ときに食用犬や廌《たい》（山羊か）が使われた程度である。

鶏は育てることが比較的容易であり、飼料のコストも低い。そうであるからこそ低級の家畜とされ、王侯が食べるものとはされなかったのであり、必然的に文字資料にも記述がほとんど見られない。

その後、春秋時代末期から戦国時代にかけて、広く官僚層が文字を扱うようになると、鶏に関する記述が増加した。文献資料にも「鶏を割《さ》くにいずくんぞ牛刀をもちいん」（『論語』）や「むしろ鶏口《けいこう》となるも牛後《ぎゅうご》となるなかれ」（『戦国策』）などの言葉が記されている。

文字としての「鶏」については、甲骨文字に「」［B－1］があり、族徽の①や②に近い表現である（ただし足は省略されている）。そのほか、甲骨文字では鶏の側面形である「」［B－2］も使われていた。

鶏の側面形に発音符号としての「奚《けい》（）」という文字を加えたのが「」［B－3］であ

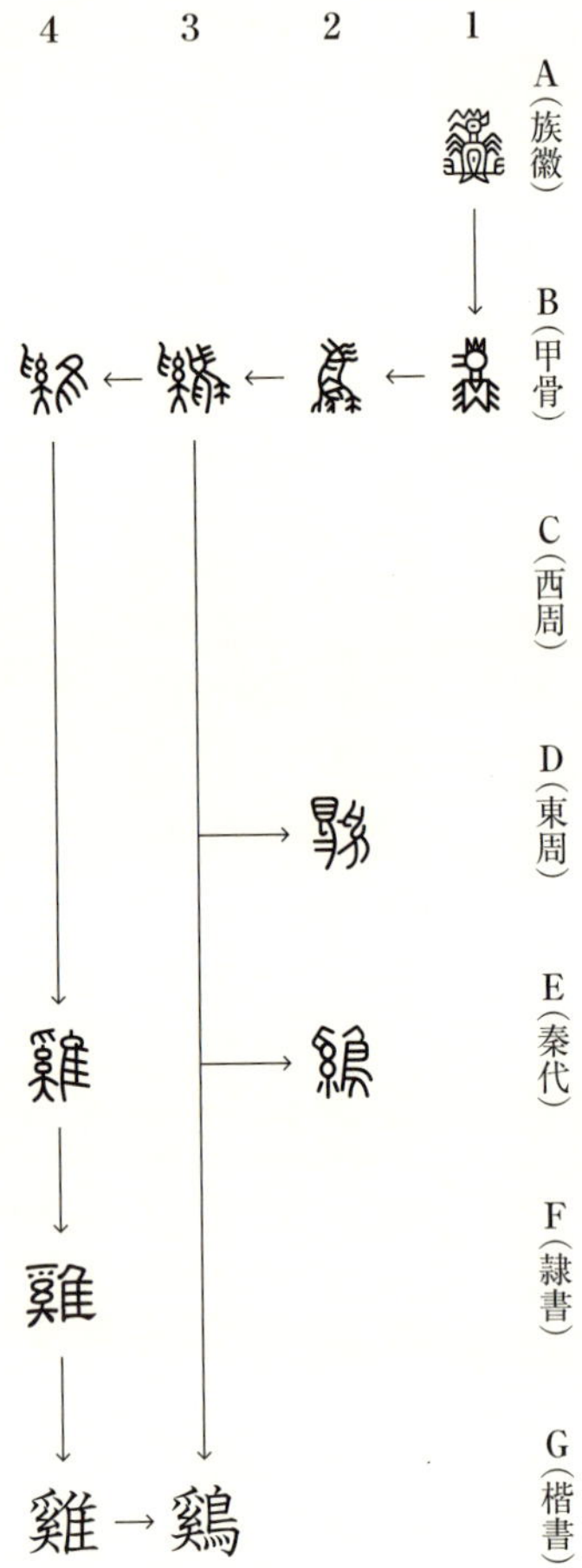

る。現在の音読みでも、鶏と奚はどちらも「ケイ」である。
甲骨文字には、鳥の形の略体である隹（）を使った「」［B－4］も見られる。前述のように「隹」は「鳥」の略体であり、部首として同一の機能を持っている。
その後、鶏の形は文字として使われなくなり、「」の系統は「鳥」を使った「」［D－2］や「」［E－2］の形になった。この系統を継承したものは旧字体の「鷄」である。また、「」の系統も継承され、秦代の「」などを経て楷書の異体字の「雞」になった。

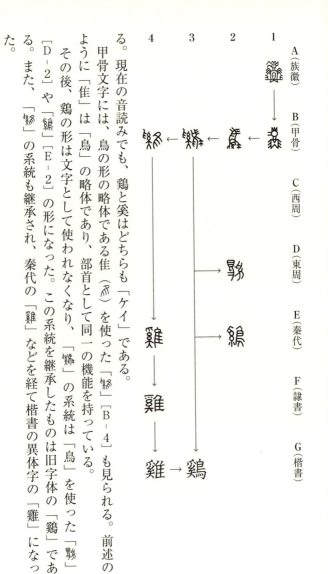

第7問

これらの族徽はどの動物を表したものか？

①

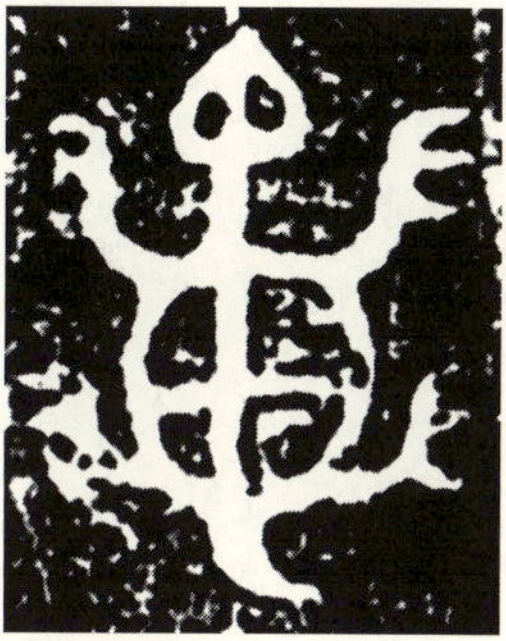

②

③

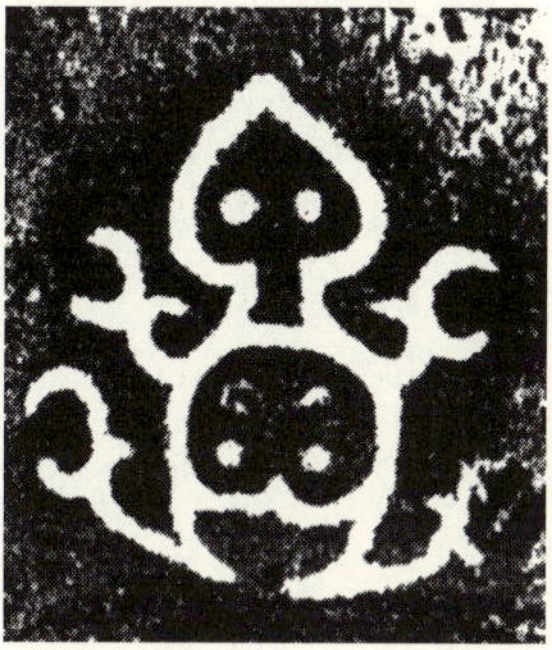

④

第7問の答え

亀

いずれも、亀を上から見た状態を表しており、上部に頭、左右に爪の生えた足がある。甲羅の模様は表現がさまざまであり、①は細かい格子模様、②と③は粗い格子模様、④は点で表されている。また④以外は短い尻尾が描かれている。

殷代には盛んに甲骨の占いがおこなわれた。動物の骨としては牛の肩甲骨が主に使われ、甲羅としては淡水生の亀の腹甲《ふっこう》（腹側の甲羅）が主に用いられた。「亀族」は、占いに使う亀を採集・貢納していた族ではないかと思われる。

ただし、甲骨文字には、亀族の領主が穀物を貢納したり王に従軍したりする記述があり、王朝との関係は亀だけではなかったようである。

なお甲骨文字には、占いに使う亀として「（楷書で表現すると⿱雨龜）」と「（同⿱雨龜）」が記されているが、後代に残っておらず、どの亀種を指すのかは不明である。

後の時代には、亀が神格化されており、例えば蛇尾の神亀である「玄武《げんぶ》」は、青龍《せいりゅう》・朱雀《すざく》（鳳凰信仰からの派生）・白虎《びゃっこ》と並んで各方角を司る「四神《しじん》」とされた。しかし、殷代や西周代にはそうした信仰が未成立だったようで、神格化した記述や文字表現が見られない。

解説

なぜ占いに甲羅や骨が使われたのだろうか。それは、薄い骨質は熱を加えると卜兆《ぼくちょう》（占いの対象になるひび割れ）が発生しやすいという性質による。卜兆による甲骨の占いは、新石器時代末期に始まっており、当初は豚や羊の肩甲骨が使用された。それらは入手しやすく、かつ薄い形状が占いに適していたためである。

その後、殷代には亀の腹甲と牛の肩甲骨が主に用いられるようになった。亀の腹甲は家畜の骨より入手が困難であるが、肩甲骨よりも平坦であり、占いがしやすいという利点があった。そのため、亀の甲羅が王朝への貢納物として価値を持っており、甲骨文字には亀甲の納入記録も残されている。多いときには数百個から千個の亀甲が納入された。

一方、牛の肩甲骨については、占いのしやすさよりも、「高級な家畜の骨」であることに価値があったと考えられている〔岡村二〇〇五〕。牛の骨は厚みがあるため、占いには適しておらず、出土した殷代の卜骨《ぼっこつ》（占いに使われた牛の肩甲骨）は、わざわざ薄く削って占いに使っている。王が自身の経済力を示すため、あえて牛の肩甲骨を使用したのである。

文字としての「亀」について、甲骨文字に「」があり、これは族徽の②や③に近い。ただし、それと並行して亀の側面形である「」も使われていた。上部に頭があることは同じだが、甲羅が右側、足が左側に描かれている。この側面形の系統が後代に継承された。

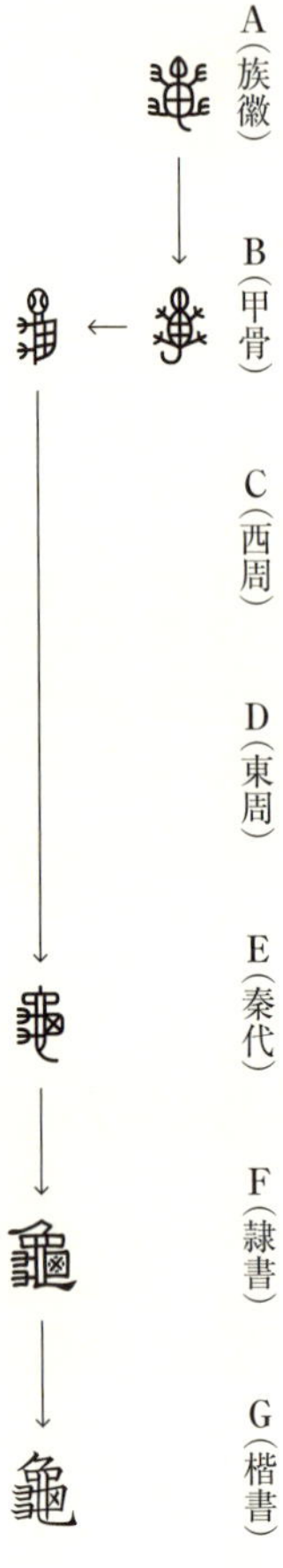

現存の出土資料では、西周代・東周代には「亀」の確実な用例が見られない。東周代の竹簡には亀を意味する記述はあるが、類似形の「黽《べん》」という文字によって代用されている（「黽」の成り立ちについては蛙《かえる》・蜘蛛《くも》・鼈《すっぽん》など諸説がある）。

その後、秦代には「〓」の形になっており、これが楷書の旧字体の「龜」に継承された。左にある二つの「ヨ」は亀の前足・後足に由来し、右にある「図」の部分が甲羅である。そして上部が頭、下部の「乚」が尻尾の表現を残したものである。頭部に片仮名の「ク」のような形を加えたのは隷書（龜）であり、あるいは「象」などに影響されたのかもしれない。

新字体の「亀」は略体であって、足や甲羅の表現が省かれている。また頭部の表現も「龜」とは異なっている。

第８問

これらの族徽はどの動物を表したものか？

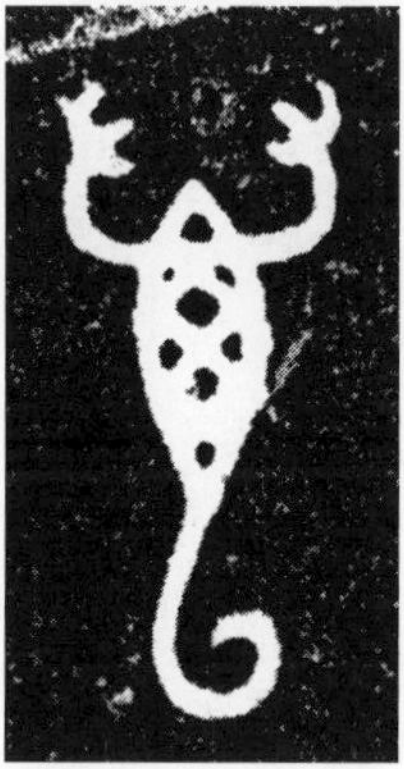

③

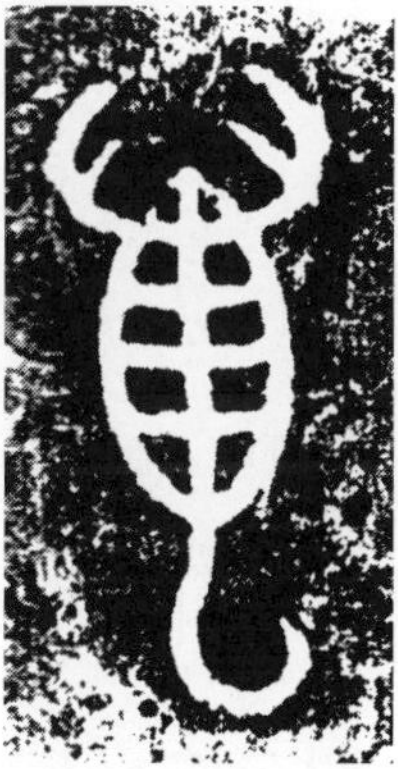

①

④

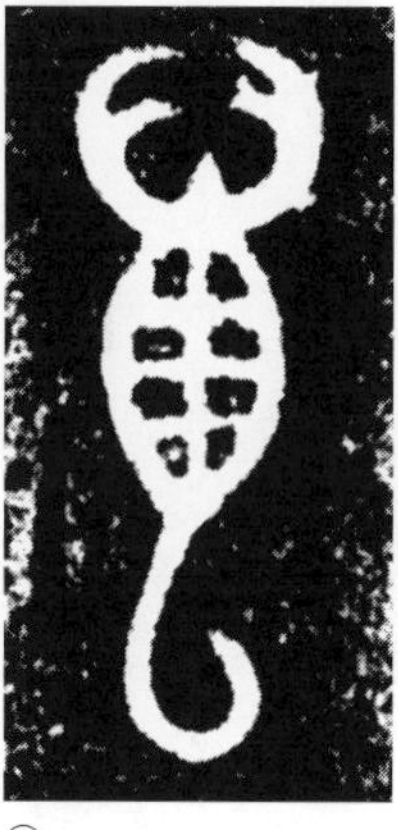

②

第8問の答え

サソリ（萬）

いずれもサソリを上から見た形である。上部にサソリの螯《はさみ》があり、下部には毒のある尾が表現されている。サソリの尾は上に曲がっているのだが、平面的には表現できないため、横に曲がったような描写方法になっている。

文字としては「萬（万の旧字体）」にあたる。古くはサソリを表す「蠆《たい》」と数字の万を表す言葉の発音が近かったため、仮借《かしゃ》（発音による当て字）の用法で数字として使用されたと考えられている。ちなみに発音としては、萬を用いた「邁《まい》」が「蠆」と「萬」の中間的なものであり、これが原初の発音に最も近いと思われる。

そのほかサソリを表す文字としては「蠍《かつ》」や「蝲《らつ》」もあり、地域ごとに呼び名が異なったようである。

族徽のうち、①と②はサソリの胴体の構造が縦横の線で表示されているが、③と④は斜めの線が使われている。①・②の方が実在のサソリに近く、こちらがより古い形と思われるが、後述するように、甲骨文字などにも両方の描写方法が見られる。③については、螯の表現も人間の手（）のような形になっており、本来の形状からは隔たりが大きい。

解説

甲骨文字には「萬族」の記述はあるものの、詳細な説明はされていないので、その所在地や産業などは不明である。なぜ、後世には人が嫌うものの代表として「蛇蠍《だかつ》（蛇《へび》と蠍《さそり》）」と称されたサソリを族徽に用いたのかもよく分かっていない。

あるいは、当時は最大の桁表示であった「万（萬）」として使われたので、何か縁起のよいものという解釈だったのかもしれない。また、サソリは卵胎生《らんたいせい》（胎内で卵が孵化して幼虫が生まれる）で、生まれた子供を背負って守るので、そこから「子孫繁栄」の象徴とされたとも考えられる。いずれにせよ、後世とは認識が異なっていたと考えるべきであろう。

文字としての「萬」について、甲骨文字の段階までは族徽とよく似た形が使われていたが、西周代の金文（）では、下部に人の手の形（）のようなものが付加されている。ただし、これが何を意味しているのかは明らかになっておらず、サソリの足の表現なのか、あるいは

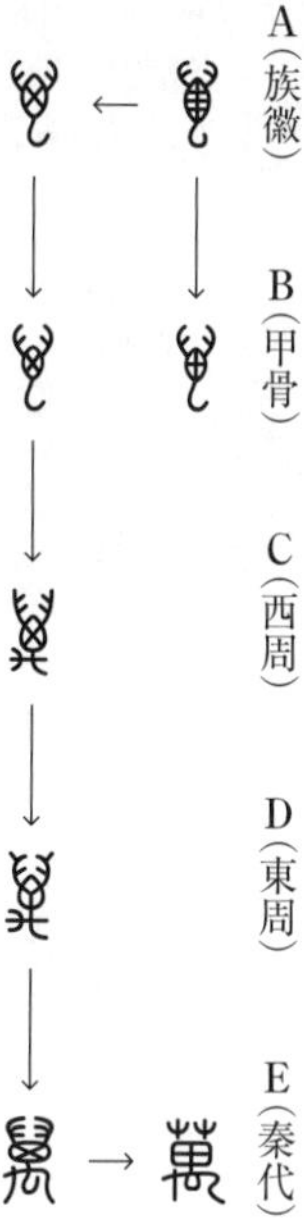

具体的な意味のない装飾符号なのかは分からない。

その後、秦代には、篆書（萬）のほかに、サソリの螯の部分を艸《そう》（艸＝艹）のような形に変えた字形（萬）が作られた。成り立ちから見れば明らかな俗字であるが、これが後代に継承され、楷書の「萬」になった。

なお、新字体の「万」は、本来は全く別の文字であり（音読みは「ボク」）、甲骨文字では「丆」の形であった（成り立ちには諸説あり）。これが中世から「萬」の略体として使われており、現代日本の新字体にも採用されている。

ちなみに、サソリと同様に後世と認識が異なる生物として、蟬《せみ》がある。蟬は羽化してから死ぬまでが短いので、現在では「儚《はかな》いもの」と考えられがちである。しかし殷代には、蟬は毎年夏になると地中から出現して羽化することから、再生の象徴とされていた。当時の墓葬からは、蟬を模した玉器（本頁の図に一例を挙げた）が発見されることがあり、「生まれ変わり」を祈願したものと思われる。

ただし、西周代中期以降には「天」の信仰が普及し、死者の霊魂は永く天にあると考えられるようになったため、再生祈願の信仰は弱まっていった。

コラム　族徽の外側①　青銅器の鋳造法

銅の調達

古代中国の青銅器はきわめて精巧に作られている。特に殷代のものは、大胆な形状や緻密な文様が特徴であり、かつては再現不可能とまで言われていた。七九頁に挙げた図1－5の①も、そうした殷代の青銅器の一例であり、酒を入れる「卣《ゆう》」という器物である。ただし、近年には、青銅器の鋳造方法の復元研究が進んでおり、その手順が再現されつつある。

まず青銅器の材料である青銅は、銅を主成分とし、それに錫《すず》を混合したものである（そのほか鉛も含有する）。銅は融点が千度以上と高いが、融点が低い錫を混ぜることで、冶金《やきん》技術が比較的低くても扱いやすくなる。

新石器時代中期（紀元前五千～前三千年ごろ）の段階から、偶然に隕鉄や露頭鉱石が発見された場合には、金属器が作られることもあったが、恒常的に作られるようになったのは紀元前三千年紀の末期であり、大量生産がおこなわれるようになったのは紀元前二千年紀になってからである。

殷代には、銅は長江流域で主に産出しており、現在の湖北省・江西省・安徽省などに鉱山があった〔小澤ほか一九九九・呉ほか二〇〇八など〕。殷王朝は鉱山を直接的に支配したり、あるいは交易によって銅を獲得した。

青銅器の鋳造方法

青銅器の鋳造においては、まず粘土で模型を作る。その際に、外側には文様を刻むが、器物の内側はそもそも空間を作らない。次に、模型を焼き固めたうえで、外側に別の粘土を押しつけ、これが外側の鋳型《いがた》になる。図1-5の②は、発掘された外側の鋳型の一部であり、細かい文様が転写されている。

内側については、模型を器物の厚さ分だけ削って内側の鋳型にしたとする説もあるが、実際には焼き固めた模型を一定の厚さで削ることが困難なため、内側の鋳型は外側の鋳型を利用して別に作られたと考えられている〔山本二〇二〇〕。

銘文について、必ずしも青銅器には銘文はないが、それを鋳込む場合には、ほとんどが目立たない内側である。青銅器の直接的な用途は祖先祭祀であり、銘文は副次的な社会的効能だったようである。

銘文の部分については、内側の鋳型を削り、そこに別途作った銘文部分の鋳型をはめ込んだ。なお、殷代には、ほとんどが族徽と祖先名程度の短文であり、長文が出現したのは殷代末期のことである。

青銅器の銘文は基本的に窪んでおり、逆に鋳型側は盛り上がった状態であった。かつては、銘文の部分について、動物の皮を使って原版を作り、印鑑のように鋳型に押しつけて作るとする説もあった。しかし、同時期に作られた同銘青銅器でも必ず字形に多少の違いがあるため、近年では、個別の鋳型に紐状の粘土を貼り付けた、あるいは、筆を使って溶いた粘土を丁寧に盛り上げて作ったなどの説が提示されている。

そして、鋳型の粘土を焼いて固める。その際に若干縮むので、それも計算して鋳型を作ら

①
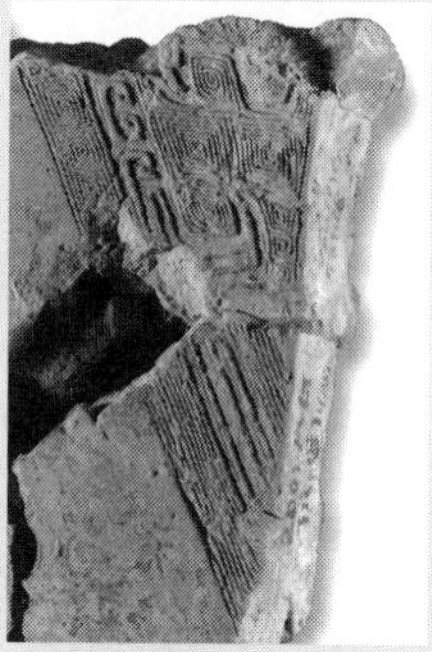
②

③
図 1-5　青銅器の鋳造

なければならない。

その後、熱で溶けた青銅を流し込むのであるが、外側の鋳型と内側の鋳型の間隔（空間）を均一の厚さに保つ必要がある。それが難しい場合には、青銅器と同じ材質・同じ厚さの青銅小片によって隙間を確保した。これは「スペーサー」と呼ばれる。こうすることで、溶けた青銅を流し込むと、凝固した青銅とスペーサーが一体化して器物を形成するのである。ただし、スペーサーは溶けないので、流し込んだ青銅との境界が見えることが多い。図1−5の③に一例を挙げたが、写真の左上にスペーサーが見られる（右下の丸い形もスペーサーの可能性がある）。

最後に、鋳型を割って青銅器を取り出し、不要部分（いわゆる「バリ」）の削除など、仕上げをおこなう。日本の古代の青銅器は、石製の鋳型を使い回すことがあり、兄弟関係の銅《どう》鐸《たく》や銅鏡が見られるが、殷代・西周代には土製の鋳型で割って取り出すため、そうしたペアの器物が見られない。

以上が基本的な鋳造方法であるが、より高度な技術が使用されることもある。例えば前掲の図1−5の①は、可動式の把手《とって》になっており、こうしたものは先に鋳造した把手を鋳型に埋め込むことで三次元的に可動部分を形成したものと推定されている（呉ほか二〇〇八）。

また、本書五〇頁の盤は、内側にとぐろを巻いた竜がある様式なので、通常とは異なり内側の模型を別に作ったものと思われる。さらに五八頁の尊《そん》（酒樽）に至っては、おそらく複数の鋳型を組み合わせて羊の頭部を作り、さらに器物全体の鋳造時に一体化したと思われるが、製造過程を再現するのはきわめて困難である。

文様・器形・器種の時代変化

青銅器の大量生産がおこなわれるようになったのは、前述のように紀元前二千年紀に入ってからである。青銅礼器は、当初は器形が単純であり、また文様も無いかごく簡単なものであった。青銅器は、錆びる前は淡い金色をしており、自然界に存在しない美しい色彩は、それだけでも威信財として十分に機能したのである。

さらに、殷代になると器物の大型化、および器形と文様の複雑化が進んだ。より高度な技術で作られた青銅器の方が、権威・権力を誇示するために有効だったと考えられる。前掲の図1－5①のような精巧な青銅器も、そうした経緯で作成されたものである。

しかし、西周代になると、文様はやや簡素なものになり、器形も奇抜なものは少なくなった。この時代には、人為的・定型的な儀礼による支配体制へと移行しており、青銅器もそれに影響されて呪術的な要素が弱まり、また定形化したのであろう。

器種についても時代的な変化がある。殷代後期に入った当初には、酒器《しゅき》（酒に関係する器物）が多かった。酒造は新石器時代に始まっており〔宋ほか二〇〇四〕、酩酊状態が「神に近づく」という感覚をもたらしたのであろう。その流れを受けて殷代にも酒を使った祭祀が多く、甲骨文字には「大乙《たいいつ》に酒もちい、十牛もちいんか（大乙は殷の建国者の湯王《とうおう》）」や、「其《そ》れ年《みのり》を河《か》に求めるに、叀《こ》れ辛亥《しんがい》、酒もちいんか（年は穀物の実り、河は黄河の神格、辛亥は日付の干支）」などの記述がある。

しかし、殷代の末期にかけて、徐々に酒器が減少した〔林一九八四〕。殷代には甲骨文字にも歴史的変化があり、当初は原始的であった占卜が儀式として定形化しており（第三章末尾のコラムで述べる）、そうした状況を反映して、酒で酩酊するような祭祀も減少したと推定される。西周代になると、酒器がさらに減少し、食器《しょっき》（食事や調理に関係する器物）が増加した。酒を用いた儀礼がより減少したと推定される。

さらに言えば、西周代にも酒を用いた儀礼はおこなわれたが、酒を飲んでも酩酊しないことが重要とされた。西周代初期の金文では、建国者の武王が「酒を飲んでも溺れることはなく、祭祀にあたって乱れることもなかった」とされ、逆に殷が滅びた原因が「辺侯甸《へんこうでん》（地方領主）と正百辟《せいひゃくへき》（中央の側近）がみな酒に溺れたため」とされている。このように、器種の時代変化は、儀礼や思想の変化を反映しているのである。

第二章　人工物に由来する族徽

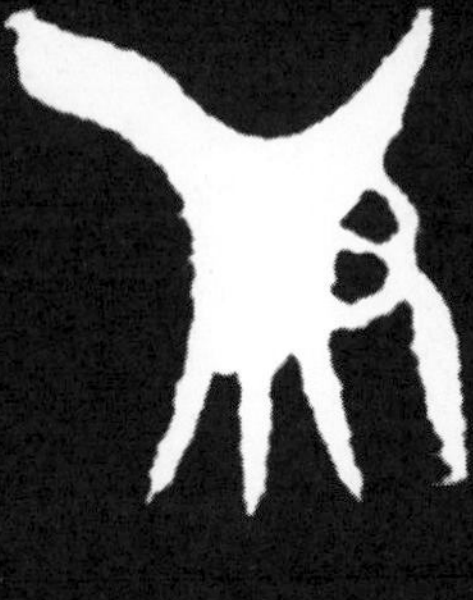

古代中国の文明と青銅器

第二章では、人が作った物に由来する族徽を取り上げる。動物の場合と違って、人工物に由来する族徽については対象を神聖視したものはほとんどないと考えられ、その族の生業や王朝に対する奉仕を表示したものと推定できる。

族徽が使われた殷代後期〜西周代中期は、王朝が成立して数百年から千年が経過した時代であり、さまざまな文化が発達していた。人が作る物も多種かつ精巧になっており、族徽にはそうした人工物を元にしたものも多い。

ただし、技術の発達は時間の経過だけが原因ではない。王朝の経済的な発展が人々（主に上層階層）の生活を豊かにし、より高度な物品が求められたことが背景にある。また政治体制が発達すると、それを保証する物品も必要とされた。

人工物のうち、特に重要だったのが青銅器の生産である。青銅製の武器は、石器や骨角器などに比べて鋭利であり、王朝の軍事力を支えた。また、青銅で作られた祭礼用の器物は、威信財として人々を精神的に支配する機能を担った。

物質的な軍事力と精神的な権威は、前近代社会における支配体制の基本であり、必然的にそれに関連する（あるいは象徴する）物品が族徽として選択されることが多かった。

多様な人工物と族徽

上層階層が求めた物品は、金属製の武器・礼器のほかにも、繊維製品や土木建築など多岐にわたる。そして、族徽にもそうした人工物が反映された。

そのほか、古代王朝における上層階層は、書記用具・乗り物・家具など、多くの人工物を使用して生活していた。族徽には古代の文化を反映した側面もある。

一方、一般の庶民（農民）は新石器時代とほとんど変わらない生活を続けており、竪穴住居に住み、土器や木器を使用して農耕・牧畜をおこなった。漢字にはそうした原始的な生活を反映したものも見られる。

例えば「牧」は、「牛」と手に棒を持った形の「攴」から成り、牛を追う牧畜の様子を残している。また「利」は、穀物が実った形である「禾《か》」と刃物である「刂（刀）」から成り、本来は穀物の収穫を表した文字である。

ただし、族徽は王朝の有力者や地方の領主層のものであるため、こうした農民の生活を反映したような文字は選択されにくい。文字（漢字）全体と比較して、族徽の選択には一定の偏りが見られるのである。

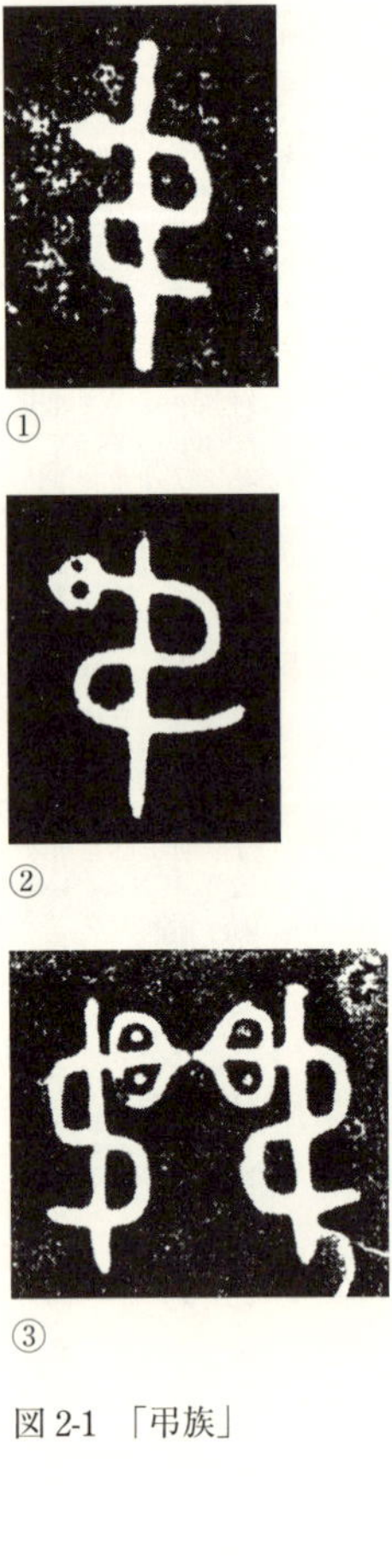

図 2-1 「弔族」

再意匠化と簡略化について

第一章で取り上げた族徽にも見られた現象であるが、個々の族徽は必ずしも最古の形ではなく、いったん文字（甲骨文字や金文などの漢字）になった後、それを元に再意匠化（再デザイン化）される場合もある。こうした場合には、より実物に近い表現がされることもあれば、過剰な装飾や独特な解釈がなされる場合がある。

例えば、図２－１の①は、「弔《ちょう》」という族徽の標準的な形である。成り立ちには諸説あるが、甲骨文字の用例やその比較から、棒状の物に紐を巻き付けた様子と考えられる。楷書では「丨」と「弓」の形になっているが、本来は紐の形の「己」を使った文字である。もともとは祭祀名であり、そこから「とむらう」の意味に転用された。

「弔族」の族徽には、②のように紐の形を蛇の姿に変えたものがある。「棒状のものに蛇が巻き付いた様子」と再解釈したのである。ただし、その理由として、単なるデザイン的なものか、蛇に対する何らかの神聖視があったのかは不明である。さらに③では、②の形を左右対称形にして並列させている。これも意匠化の一種である。

甲骨文字では、①に近い形（）は使われているが、②や③に近い形は全く見られない。弔族の独自解釈であろう（ただし西周代には通常の金文でも類似形の使用例がある）。

こうした場合とは逆に、文字（漢字）と同様に実物が簡略化された族徽表現もある。例えば第一章で取り上げた「犬族」の族徽（五三頁参照）には、犬の形状を詳細に表現した「」などのほか、簡略化した「」も見られる。

簡略化の方法については、一般的な漢字と同一とは限られない。そうした場合、便宜上、本書ではひとつの表にまとめているが、厳密には別系統の字形ということになる（二〇頁の図0-5の③のような関係になる）。

人工物に由来する族徽の例「中族」

ここからは、人工物に由来する族徽の具体例をいくつか取り上げる。

図2-2の族徽は、①・②は「旗竿《はたざお》に飾りがあって吹き流しが多い旗」を表しており、縦

線が旗竿、曲線が吹き流しである。文字としては「中」にあたる。

これは軍隊の中央に立てられた特殊な旗であり、そこから「なか」の意味になった。なお、③は飾りがなく、その代わり吹き流しの数が多くなっている。

甲骨文字では、王の全軍が「三師《さんし》」と呼ばれており、左師・中師・右師の三軍団を指している。後代に言う「三軍《さんぐん》」の原型と考えられている。

「」などは、おそらく中軍（中師）の旗であるから、大量生産されるものではなく、それを生業とするようなものではない。最も重要な中軍で王に軍事奉仕をした族であることの表示であろう。実際に、甲骨文字には「中族」の領主が殷王の側近であったとみられる記述があり、また一時期には王の貞人《ていじん》（占いの担当者）を務めていた。

ちなみに、一般的な軍旗は「中」とは別に存在しており、甲骨文字では「」で表示されている。縦線が旗竿、曲線が吹き流しであり、楷書では、「旗」などに使われている「㫃」

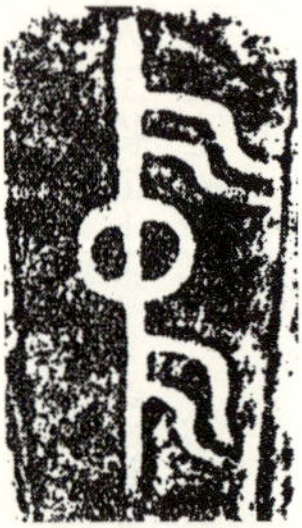

①

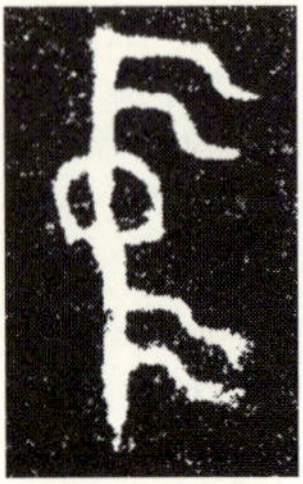

②

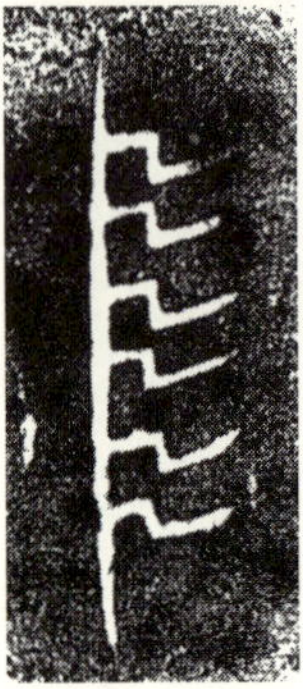

③

図 2-2 「中族」

の部分にあたる。

例えば「族（）」は、軍旗の形の「㫃（）」と武器の「矢（）」を合わせた形であり、本来は「軍隊」の意味であった。甲骨文字には「王族」という熟語も見られるが、「王の一族」の意味ではなく「王の軍隊」の意味である。

「族」は、軍事集団から転じて、後代に「氏族」や「宗族《そうぞく》」の意味で使われた。本書では、便宜上、支配階層の集団を「族」と呼んでいるが、実は甲骨文字にはそれに該当する文字や熟語が見られない。

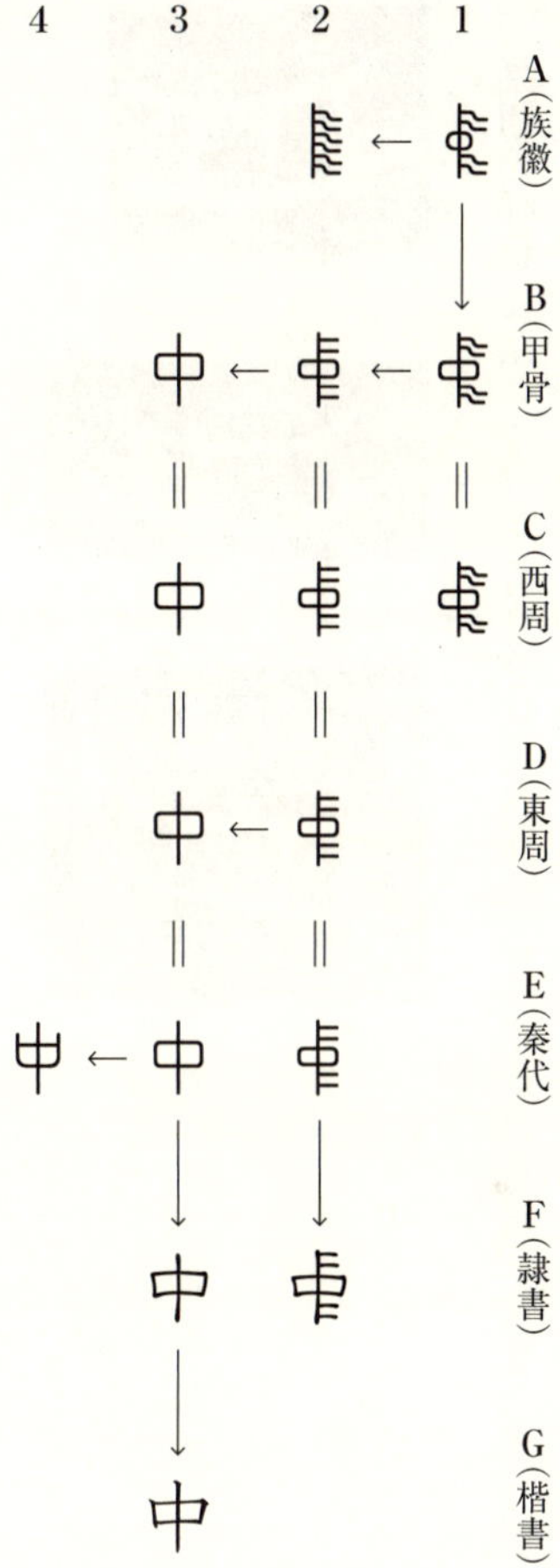

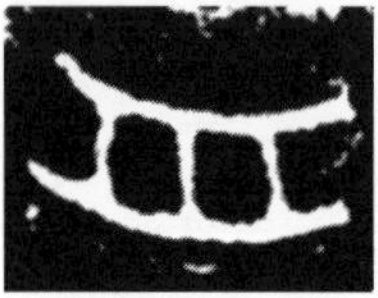
①

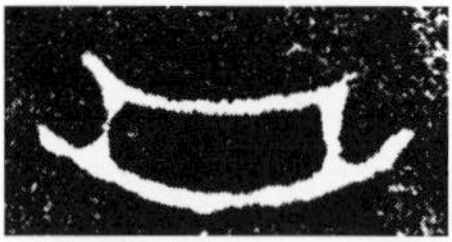
②

③

図2-3　「舟族」

集団の呼称に限らず、甲骨文字には具体的な物や行為を表す文字は多く見られるが、分類や概念を提示した文字はごく少ない。ほかにも、例えば個々の動物を表す文字は多いが、「動物」という概念を表す文字は見られない。また地名や人名は多いが、その総体である「国家」を表す文字も存在しなかった。言語として発達途上であることを示している。

文字としての「中」について、甲骨文字では族徽の「〓」に近い「〓」［B－1］のほか、略体として「〓」［B－2］や「中」［B－3］が使われていた。

その後、「〓」と「中」の両系統が長く併用されており、隷書にも「〓」と「中」が見られる。最終的に楷書で後者の系統に統一された。そのほか秦代には篆書として「中」が用いられたが、これは実は「史」の系統（甲骨文字では「〓」）の表現方法であって、特殊な異体字である。

人工物に由来する族徽の例「舟族」

図2−3は、いずれも当時使われていた舟の形を表しており、文字として「舟」にあたる。①と②は舳先《へさき》が鋭くなく、大きな波を切る構造にはなっていない。古代の王朝は、内陸部のみを支配したため、必ずしも舳先は鋭くなくてもよかったのであろう。ただし、③は片側が鋭く表現されており、そうした舟もあったと考えられる。

前近代において最も効率的な輸送手段は水運であり、古代中国の都市も主に河川沿いに発達した。殷王朝の首都も黄河沿いに置かれている（地図は第三章末尾のコラムを参照）。王朝経営として見ても、物資や貢納物が舟で運ばれ、戦争や軍事訓練における兵士の輸送も舟が効率的であった。そのため、河川の位置関係を把握しておくことは重要であり、甲骨文字にも「河《か》」（黄河を指す）や「淮《わい》」（淮水《わいすい》）などの大河をはじめ、「洛《らく》」（洛水《らくすい》）や「滳《しょう》」（漳水《しょうすい》）など多くの河川が記されている。「舟族」については、交易を表したのか軍事的な輸送を表したのかは不明であるが、いずれにせよ舟を扱った族だったと推定される。

本頁の図は、また別の族徽であり、舟で人が宝貝《ほうばい》（子安貝《こやすがい》の貝殻）を

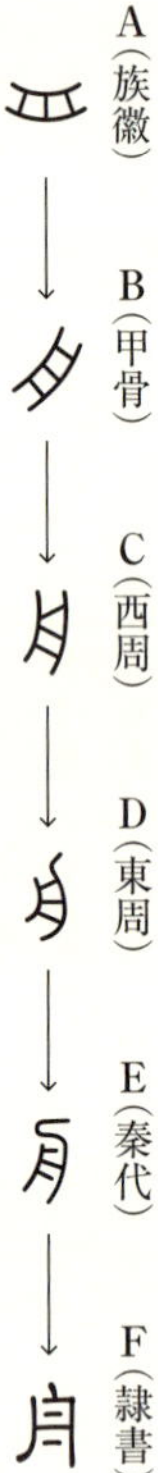

運ぶ様子である。南方の海で産出する子安貝は、内陸部の王朝で貴重品とされ、一種の威信財として機能していた。長江流域から淮水流域を通って輸入されたものであり、この族徽も輸送を担当していた族のものであろう。

文字としての「舟」については、甲骨文字ではやや向きを変えた「」が主に使われており、これが後代に継承され、西周代の「」や東周代の「」で完全に縦横が変わった。さらに秦代の篆書の「」では上部の線が曲げられており、舳先を表現したものかもしれない。これが隷書に継承され、また舟の内部に表現されていた仕切りの一部が分離した。楷書の「舟」は仕切りの一部が長くなっており、また一画目の払いは篆書で曲げられた部分である。

人工物に由来する族徽の例「鼎族」

次は、祭礼用の青銅器に由来する族徽である。図2-4は、いずれも「鼎《てい》（かなえ）」という器を表しており、煮炊きの器である。三本の足のある器物であり、族徽の下部にはそれが表現されている。また上部に突き出た部分は把手である。

早い段階では青銅器を火にかけて調理していたようだが、殷代後期には純粋に祭礼のみの用途となり、土器で煮炊きした食物を青銅製の鼎に移し替えて神や祖先に捧げるようになった。それ以降は、厳密に言えば「煮炊きの器を元にした青銅器」ということになる。次頁の上の図は、殷代に作られた青銅製の鼎であり、図2－4の①や②に形状が近い。

「鼎族」については、青銅器の生産か、あるいは王朝の祭祀儀礼に関係する族だったと思われるが、甲骨文字や金文に関連する記述がなく、詳細は不明である。

文字としての「鼎」については、甲骨文字には族徽の形に近い「」のほか、「」が使われていた。後者は鼎の足の部分に飾りがついており、実際に殷代の青銅鼎にも飾りがついたものが見られる。次頁の下の図がそうした鼎であり、扁平な足の鼎であることから「扁足《へんそく》鼎《てい》」と呼ばれる。

①

②

③

図 2-4　「鼎族」

後代には「鼎」の系統が継承された。そして西周代に把手を省略した「鼎」が作られ、この系統が秦代の篆書の「鼎」などになっている。隷書のうち「鼎」は鼎の足を分離した状態になっていて、これが楷書の「鼎」に継承された。

これ以降は、第一章と同様に設問形式とし、人工物に由来する族徽を合計八問出題する。一部に、古代中国の文化や技術を知らないと分かりにくい問題も含まれており、第一章よりは難しいとお考えいただきたい。

第９問

これらの族徽は何を表したものか？

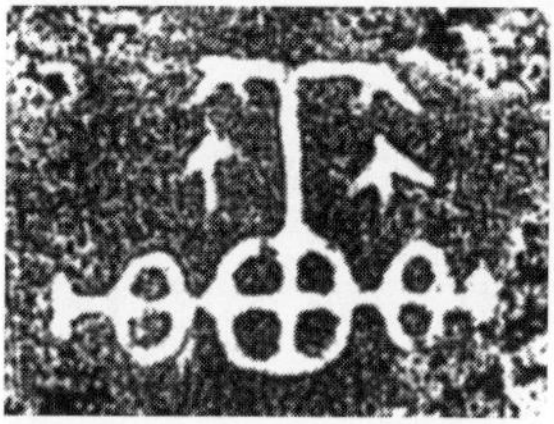

③

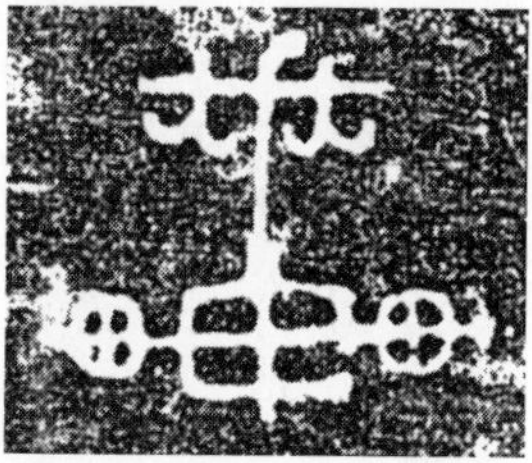

①

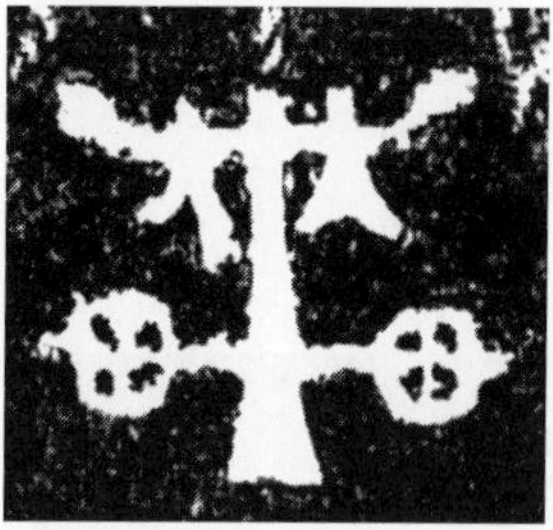

④

②

第9問の答え

馬車（車）

いずれも馬車の車体部分を上から見た様子を表現しており、文字としては「車」にあたる。本頁の図は、発掘された殷代の馬車（殉葬《じゅんそう》）であり、族徽の形状と共通点が多い。

族徽の「〓」［A－1］などのうち、上部にある長い横線（または曲線）は馬につなぐ木材の「軾《しょく》（よこぎ）」であり、逆V字（または逆Y字）状の部分は軾と馬をつなぐ金具の「軛《あく》（くびき）」である。下部にある横線が車軸の「軸《じく》（しんぎ）」であり、大きめの田の字状の部分に人が乗車し、その周囲には「較《かく》（てすり）」があった。そして縦線が軾と軸をつなぐ木材の「轅《えん》（ながえ）」である。

「輪《りん》（車輪）」については、上から見ると棒状になって分かりにくいので、ここだけは側面から見た形状（小さめの田の字状）が表現されている。一種のキュビズムと言えるかもしれない。また族徽の①と③では輪の外側に短い縦線があるが、これは車輪を軸に留める「轄《かつ》（くさび）」である。

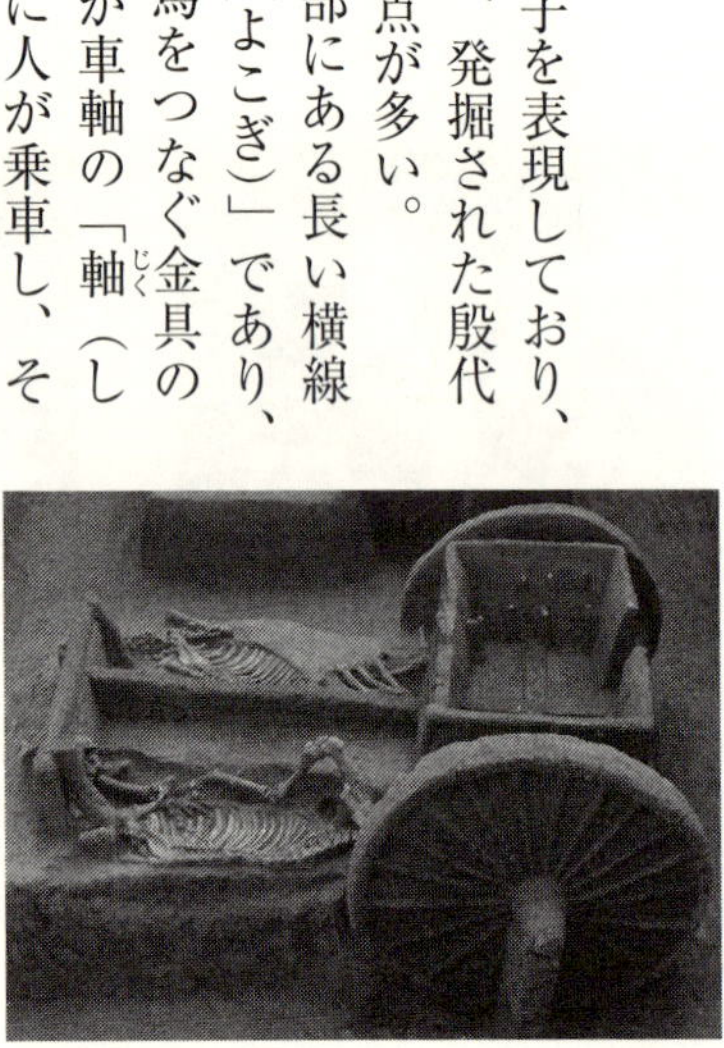

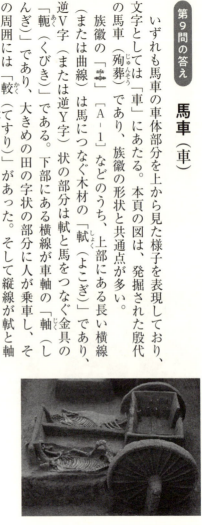

解説

古代中国では、馬車は戦争にも使用されており、当時は「車馬《しゃば》」と呼ばれた。現代では「戦車」と呼ばれることが多いが、近代の戦車（タンク）ではなく、馬に牽《ひ》かせる古代の戦車（チャリオット）である。オリエントで発明された戦車は、エジプト文明やローマ帝国などでも使用されたが、中央アジアを通って中国にも伝わった。

中国では殷王朝が戦車を採用し、やがて主力兵器となった。その後の西周王朝の時代に各地に広まり、春秋時代になると大小の諸侯（地方領主）が戦車で戦っている。

戦車は高度な技術を必要とするため、それを扱えたのは専門の軍事訓練を受けられた上層階層のみであった。前頁の図も貴人の殉葬であり、車体だけではなく馬も殺されて埋められている。

「車族」についても、おそらく戦車によって王朝の軍事力を担った族だったのだろう。甲骨文字には、王の命令で車族の長が敵と戦ったという記述などが見られる。

なお、馬車は、戦争以外にも王が主宰する狩猟で使われることがあった。当時の狩猟は軍事演習を兼ねており、獲物を逐《お》うことで模擬的に敵を攻撃する訓練になった。実戦さながらの訓練だったようで、甲骨文字によれば王が車馬（馬車）から落ちることもあったという。

文字としての「車」について、甲骨文字で族徽に近いのは「」「B－1」であり、上部の

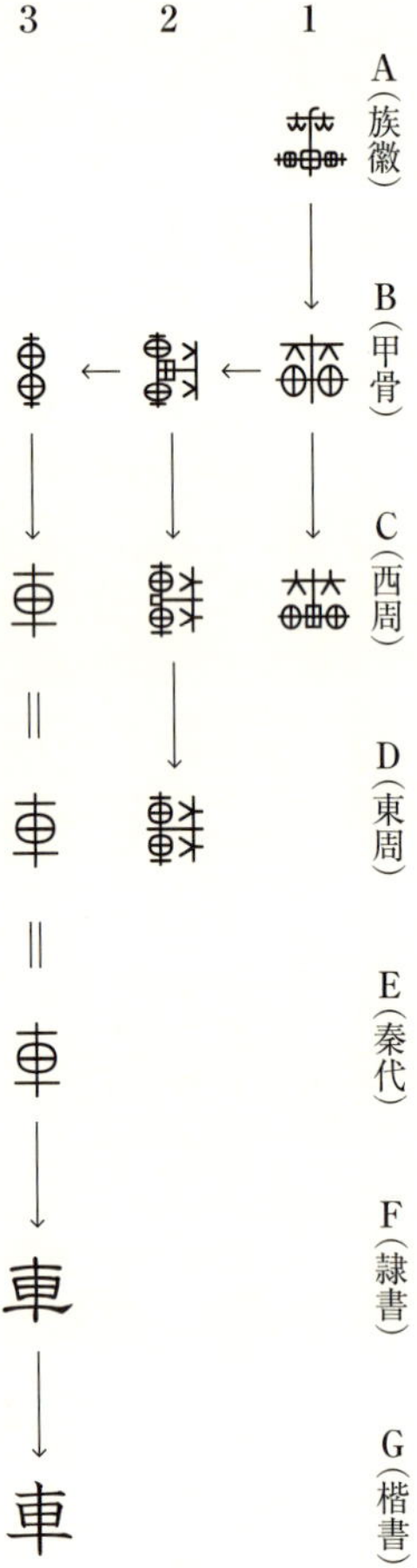

軾や軛、あるいは下部の軸・輪などが表現されている。甲骨文字には縦横の向きを変えた「」［B－2］もあり、その略体が「」［B－3］である。

この三系統は、いずれも後代に継承されたが、「」の系統が西周代まで、「」の系統も東周代を最後に使われなくなった。一方、「」がさらに簡略化されて輪がひとつになったのが「」であり、これが楷書に継承された。

楷書の「車」のうち、中央の田の字状の部分が車輪であり、上下の二本の横線が轄、そして縦線が軸である。

第10問

これらの族徽は何を表したものか？

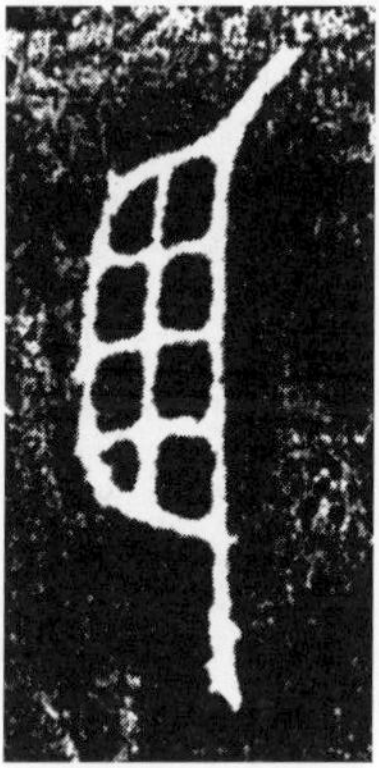

③

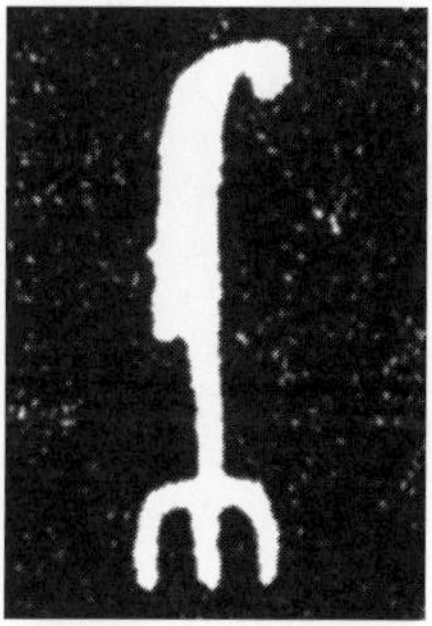

①

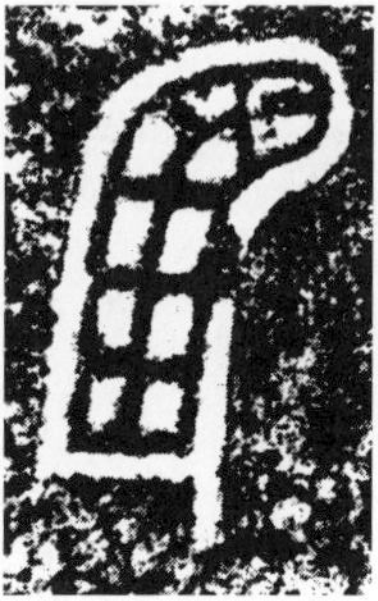

④

②

第10問の答え

刀

いずれも上部に刃、下部に柄があり、武器としての刀を表している。青銅製の武器は軍事力を強大にし、王朝の支配を裏付けるものであった。

ただし、殷代には、主力の武器として戈《か》（六三頁参照）が使われており、刀は補助的に使用された。

本頁の図は発掘された殷代の刀（上）と戈（下）である。戈は長い柄に対して垂直に刃物を取り付けた武器であり、振り回して使われた（図の戈には柄の一部が残っている）。

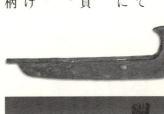

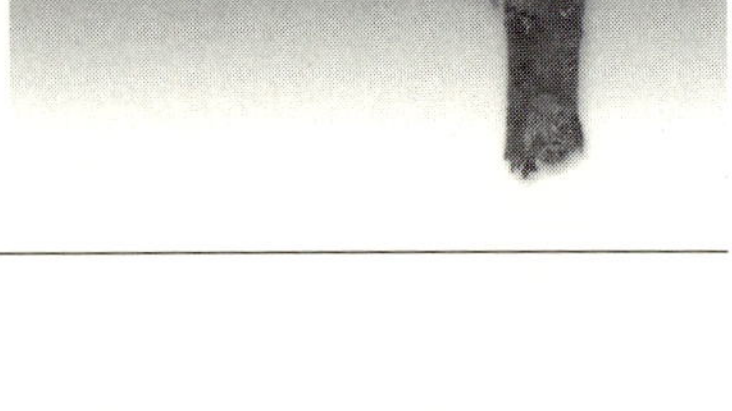

族徽のうち③・④は一見すると鳥の羽のようにも見えるが、「刀」とは別にそれを手（）で持つ様子を表した族徽において、①・②に近いもの（次頁の上段の図）のほかに③・④に近い形（次頁の中段の図）も使われており、「羽」ではなく「刀」の異体字とするのが妥当である。ちなみに、「羽」は鳥の羽をふたつ並べた形であり、甲骨文字では「」で表示されている。

解説

刀は概念が広範であり、武器だけではなく、片刃の工具も「刀」と呼ばれた。例えば、「初」は衣服を作り始めるときには最初に刀で布を裁《た》つから「ネ（＝衣）」と「刀」から成っており、また「制」は枝が伸びた木（「帇」の部分）を「刂（＝刀）」で剪定《せんてい》する意味で作られた文字である。

また、刀は儀式で犠牲（いけにえ）を殺す際にも用いられた。例えば甲骨文字には、儀式の名として「分卯《ぶんぼう》」という熟語があり、「分」は「刀」で対象を切り分けること、「卯」は「剖《ぼう》」と同じで二つに切り裂くことが原義である。

儀式においては、見た目を重視して玉（貴石）で刀を作ることもあった。本頁の下段の図に殷代の玉刀《ぎょくとう》を挙げたが、非常に精巧な文様が刻まれている（向きは族徽に合わせた。柄は木製だったようで腐食により失われている）。

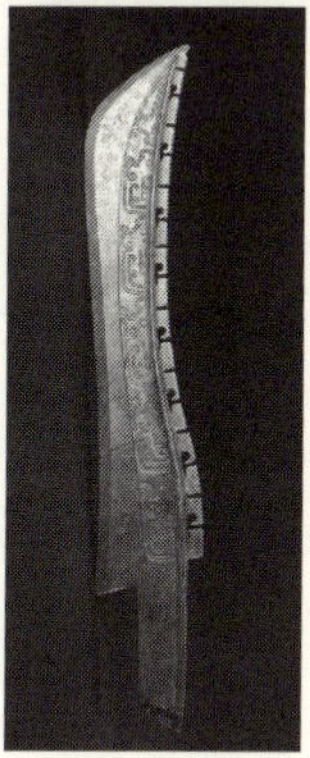

ちなみに、主力の武器であった「戈」は、戦争に関係する文字に使用されることが多く、「戦」や「伐」などに使われている。また「武」も、「止」以外の部分は「戈」が変形したものである。

「刀族」については、甲骨文字や金文には関連する記述がない。武器として族徽に選択されたのであれば軍事による王朝への奉仕を表示したものとなり、工具としての選択であれば、主産業が工業に関連した可能性が高いが、現状の資料ではいずれかを判断することは難しい。

文字としての「刀」については、甲骨文字では簡略化した「」が主に使われた。それをさらに簡略化した異体字の「」が後代に継承され、東周代にやや向きを変えた「」になった。これが隷書の「刀」で完全に縦横が変わり、楷書の「刀」になった。楷書の「刀」は、左に刃先があり、右に柄の部分がある。

第11問

これらの族徽は何を表したものか？

③

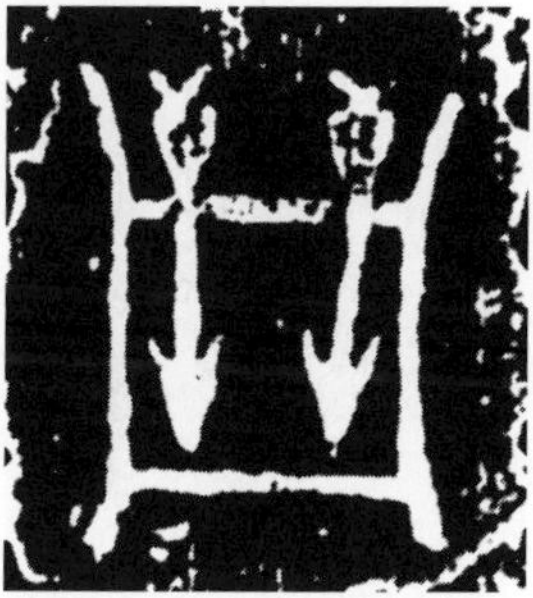

①

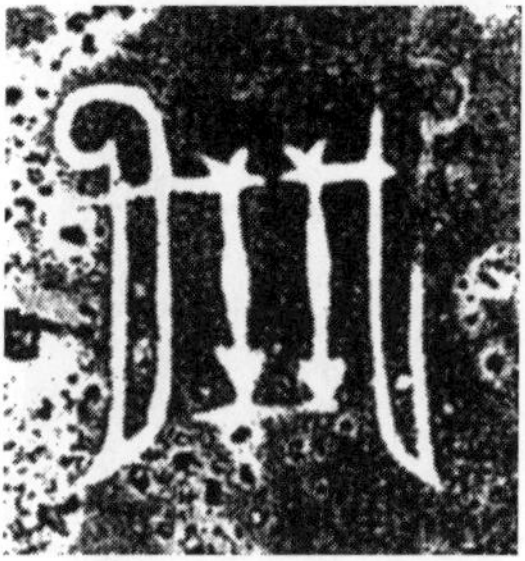

④

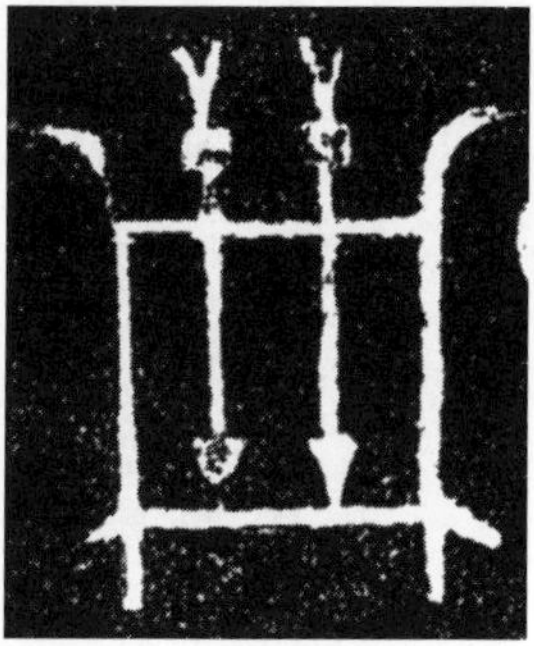

②

第11問の答え

矢の入れ物（葡）

いずれも容器の中に矢（↑x）が上下逆向きに入った状態を表しており、矢の入れ物である「えびら」の形である。④は表現が装飾的であるが、構造としては同じであり、同一の族を指すと考えられる。

本頁の図は、殷代の遺跡から発掘された青銅製の鏃《やじり》であり、「↑x」のうち「↑」の部分にあたる。弓矢は新石器時代から使われており、当初は鏃が石器であった。その後、金属器が普及すると鏃も青銅製になり、殷代にはより鋭く、かつ重量が大きくなった。それにより殺傷力を増し、王朝の軍事力を支えたのである。

族徽の「[illegible]」などは、漢字としては「葡《び》」という文字にあたる。「葡族」については、甲骨文字には詳細な記述がないが、族徽から見て軍事を担当した族と思われる。

また甲骨文字には、族名とは別に部隊名としての「葡」も見られ、王が徴用するという記述がある。こちらは王朝の直属部隊ではなく、直轄地から集められた弓兵部隊と推定される。

解説

弓矢も殷代の主力武器のひとつであり、白兵戦用の兵器である戈や刀とともに使われた。また、前述した戦車も乗員が弓矢で攻撃するものであり、戦車と弓矢の組み合わせは、高速で移動・旋回して敵から距離をとりつつ攻撃できるので、当時は最強の兵種であった。

その後も、西周代〜春秋時代を通して戦車は主力兵器であり続け、規模も拡大した。殷代には王朝が三百台の戦車を運用したが、春秋時代になると中規模の諸侯でも三百台程度の戦車を運用するようになっており、大諸侯は千台ほどの戦車を保有した。

戦国時代になると、徴兵農民を主力とする歩兵戦が普及したため、戦車は主力兵器ではなくなったが、引き続き指揮官は戦車を使用した。秦の始皇帝が作らせた兵馬俑《へいばよう》でも、指揮官が戦車に乗った様子が再現されている。

文字としての「葡」は、東周代以降には単独ではほとんど使われなくなり、現存の資料では後漢代の碑文には全く見られない。それに代えて矢の入れ物を表す「箙《ふく》」という文字が作られており、「えびら」の意味では主にこちらが使われるようになった。部首に「竹」が使われたのは、簳《かん》（矢の柄）が竹で作られたことを反映している。

ちなみに、「備」はもと「葡」を使った文字であり、人（亻）が葡（）を背負った様子を表していた（甲骨文字では左右反転した「」を使用）。のちに葡の部分が変形し、楷書

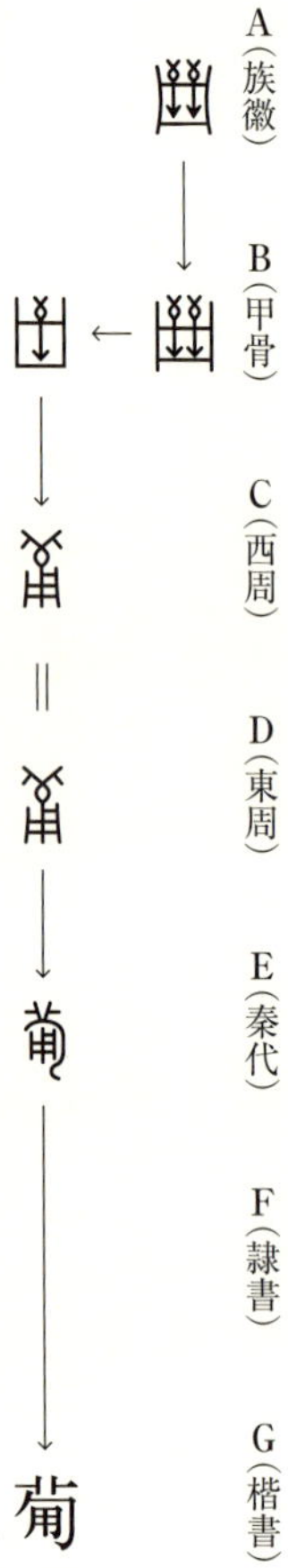

では「備」の形になっている。「葡《び》」の発音についても、本来は「服《ふく》」と同じだったはずだが、おそらく「備」の発音に影響され、それに同化している。

「葡」の字形について、甲骨文字では族徽に近い「〓」のほか、矢を一本にした略体の「〓」も使われており、これが後代に継承された。そして、西周代の「〓」では矢のうち手で持つ部分（矢羽《やばね》）が強調され、また入れ物の部分が類似形の「用（〓）」になっている。ここから秦代に矢の部分が大きく変形し、楷書の「葡」になった。楷書のうち「用」を除く部分が矢の変形したものである。

なお、「用」はもと桶の形と推定され（銿《かね》の形とする説もある）、成り立ちは葡とは関連しない。「葡萄《ぶどう》」の「葡」も類似形だが別字であり、「艹（くさかんむり）」が部首で、また「勹」の内部が「用」ではなく「甫」になっている。

第12問

これらの族徽は何を表したものか？

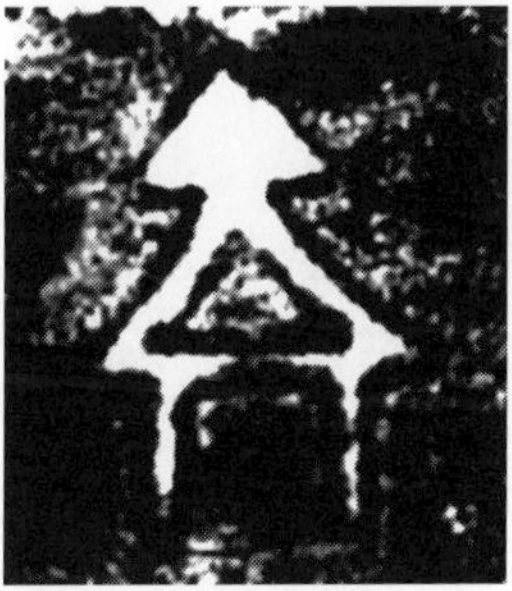

③

①

④

②

※④の下部は父祖名の「父丁」。

第12問の答え

二階建ての建物（高）

いずれも、下部の縦線が一階部分の壁であり、上部の二つの三角形が一階と二階の屋根を表している。二階部分の壁は省略されている。④はやや表現が異なるが、二階建ての建物の形であることは同じであり、同一族の族徽と考えてよいだろう。

古代の建物は、遺構（柱の穴や壁の跡など）しか残っていないが、この文字の存在により、二階建ての建物があったことが判明する。本頁の図は、殷代の宮殿の推定復元図であり、二階建て部分が吹き抜け構造になっていたと想定されている。「〓」などは、文字としては「高」にあたり、後述するように、のちに下部に「口」が追加された。

「高族」について、甲骨文字によれば首都の近くに居住しており、殷王を支える族だったようである。ただし、建築を専門とした族だったのか、それとも居住地に二階建てが多かったのかは不明である。

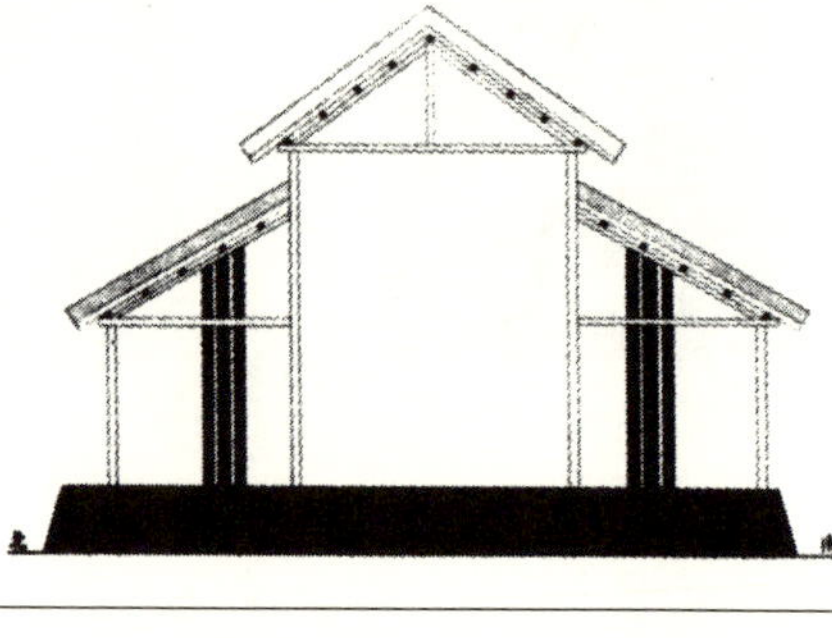

解説

二階建ての建物は、古代には大都市の象徴とされた。例えば殷王朝前期の首都である「亳《はく》」は、甲骨文字の段階から、高の古い形（〓）がない「〓」にあたる）に発音符号の乇《たく》（〓）を加えた「〓」で表示されていた。

「京」も成り立ちに関連がある文字であり、甲骨文字では高（〓）に近い「〓」の形だった。どのような建築物かを説明した資料は発見されていないが、字形通りに解釈すれば、中央に太い柱がある二階建ての建物ということになる。これも大都市の象徴とされ、のちに「みやこ」の意味で使われた。

文字としての「高」については、甲骨文字の「〓」［B-1］は族徽とは表現が異なっている。おそらく、より原始的な段階では一階と二階は壁と屋根の両方が表示されていたのであろうが、族徽では二階の壁が省略され、甲骨文字では一階の屋根が省略されたのである。

甲骨文字には、異体字として下部に「口（〓）」を加えた形（〓［B-2］）があり、これが後代に継承された。追加された「〓」について、「建物の窓」とする説もあるが、甲骨文字では「〓」にその確実な用例がない。甲骨文字では、「〓」には「くち」のほか「祭礼の器の形」や「漠然とした物体」、あるいは「デザイン的な配置」などの用法がある。甲骨文字の異体字には、「〓」の部分を多数の祭器を並べた形の「品（〓）」に代えたもの（〓

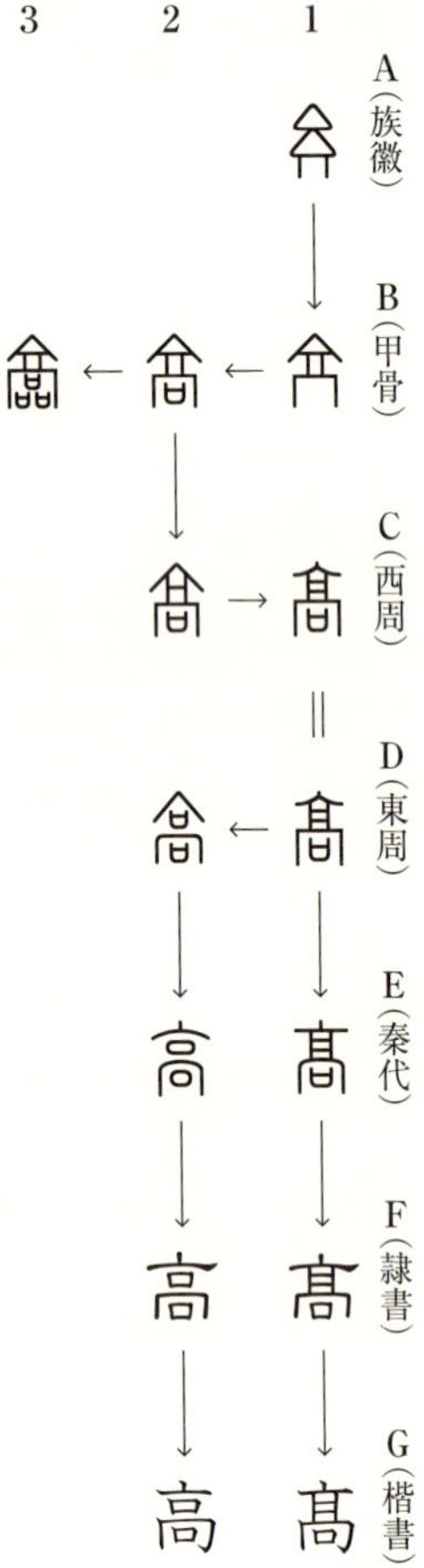

［B－3］）があり、ここから「高（髙）」の「口（𠙵）」が建物に収められた祭礼の器物であると推定できる。

現在の日本では「高」が正式な形とされ、「髙」は異体字（人名用漢字で「はしごだか」と通称）とされているが、実際には後者の方が古い形（髙［C－1］など）を反映している。

なお、建築物を表した形としては、ほかに「宀」や「广」がある。「宀」は、甲骨文字では主に「∩」として表示されており、平屋の家屋の壁と屋根をつなげた簡略表示である。「广」は、甲骨文字では「⌈」の形であり、「宀（∩）」の片側の壁がない様子を表している。「簡素な建物」とする説もあるが、広い建物を表す「広（廣）」や庁舎を表す「庁（廳）」などに使われており、「大きな建物の形」と考えるのが妥当である。

第13問

これらの族徽は手に何を持った様子か？

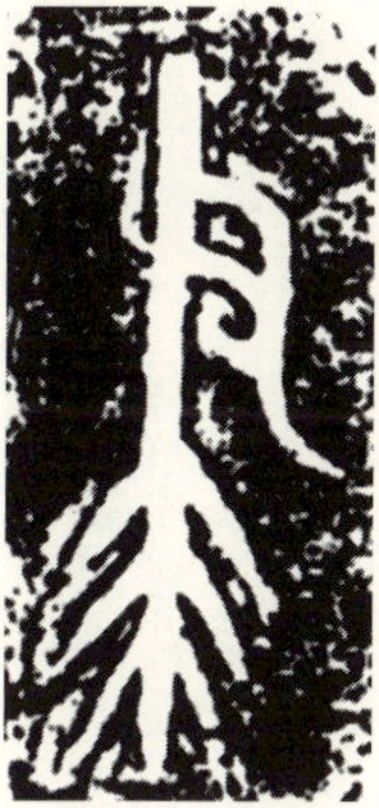

③

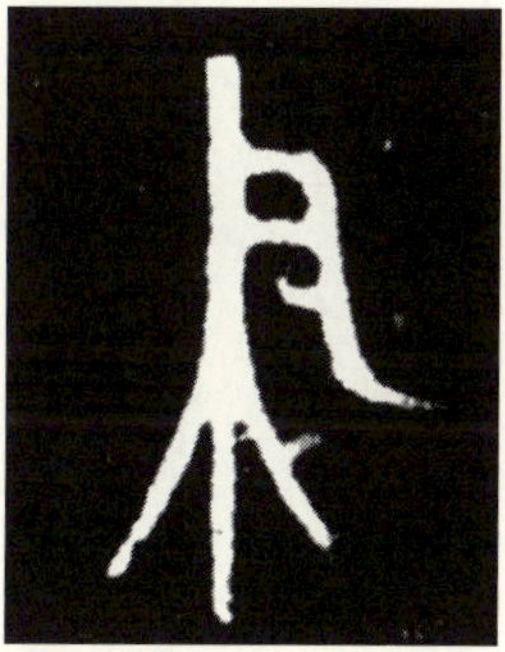

①

④

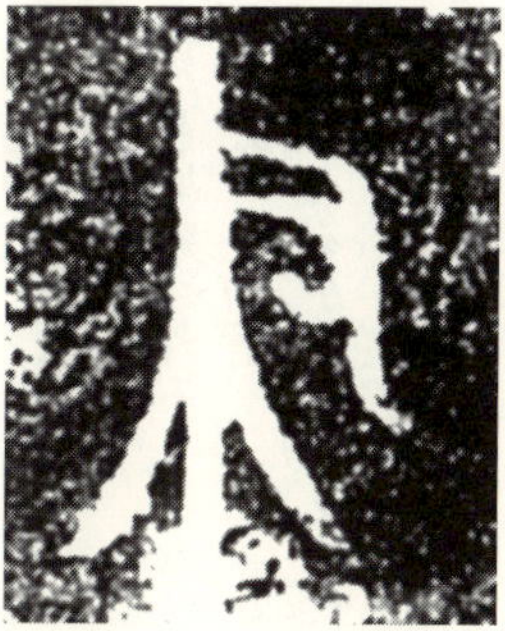

②

※「ヨ」は手の側面形。④の両脇にあるのは具体的な意味を持たない装飾符号。

第13問の答え　筆（聿）

手（ヨ）に筆を持った様子であり、縦線が筆軸、下部の「个」が筆先である。③は筆先を詳細に描写している。④の両脇にあるのは具体的な意味を持たない装飾符号であるが、なぜ加えられたのかについては諸説あり明らかではない。

文字としては楷書の「聿《いつ》」にあたる。筆が竹で作られることから、のちに部首として「竹」を追加した「筆」が作られた。

黄河流域の気候では、木や竹は腐りやすいため、殷代の筆は未発見である。しかし、この文字の存在から、すでに筆が使われていたことが判明する。

また少数であるが、骨や玉器などに筆で書かれたと推定される文字も発見されている。本頁の図は、土器に筆で書かれたと思われる文字であり、「祀」と記されている。

「聿族」については、文字や記録に携わった族と思われるが、甲骨文字には祭祀に参加する記述はあるものの、直接的に書記に関わる記述が見られない。甲骨文字は基本的に占いの内容なので、行政の実務などは記されにくい資料なのである。

解説

殷代や西周代の文字資料として有名なのは甲骨文字や金文であるが、内容としては、甲骨文字には占いに関するもの、金文には祖先祭祀や儀礼に関するものが記録されており、いずれも一般的な文書とは言いがたい。

当時において、最も一般的な記録媒体として使われたと考えられるのが、竹簡を紐《ひも》で束ねた「冊《さく》」である。冊は、甲骨文字では「𠕁」の形で表示されており、縦線が竹簡、楕円形が束ねる紐である。楷書にも縦線を並べた状態が残っている。冊も腐りやすいため、殷代のものは発見されていないが、「𠕁」によって当時から使われていたことが判明する。

その後、中世に紙が普及し、冊はほとんど使われなくなったが、書物を数える単位として現在でも使われている。ちなみに、「冊」を「サツ」と読むのは変化したものであり、本来の音読みは「サク」である。

広大な王朝の支配手段として、文字はきわめて有効であった。一人の王がすべての領土を見回ることは不可能だが、文字を使えば各地に命令を伝達することができた。

ただし、殷代の段階では、まだ地方では文字が一般的ではなかったので、王からの使者が命令を記した冊を持参して読み上げた。甲骨文字ではこうした方法を「冊告《さくこく》」と呼んでいる。

そのほか、王が地方領主を都に呼んで、直接に命令することもあり、この方法の場合には

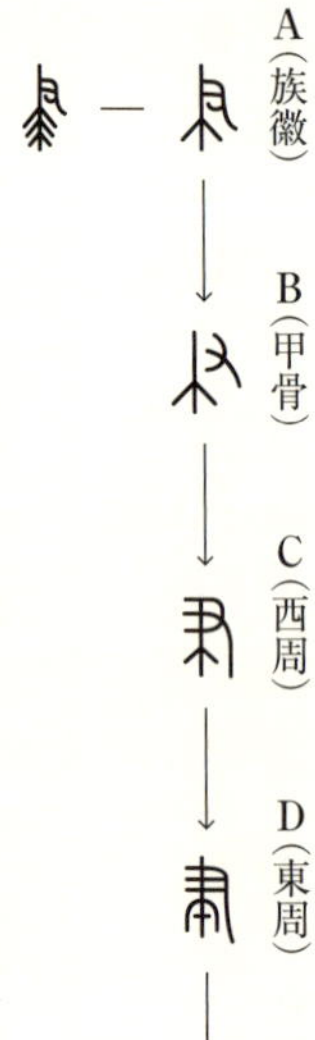

「呼《こ》告《こく》」などと記されている。
文字としての聿について、甲骨文字の「」は族徽に近い形状であるが、西周代には手の指と筆軸を重ねた「」の形になっている。さらに、東周代に筆先を強調する横線が加えられて「」になった。
その後、隷書で曲線が縦横の直線に変えられて、楷書の「聿」に継承された。楷書のうち、「⺕」が手の形であり、「丰」が筆の形に由来する。「丰」のうち下の横線は東周代に加えられた強調符号である。
また、「聿」は当て字で「はやい」などの意味に使用されたため、あらためて秦代の隷書で「竹（）」を部首とする「筆（）」が作られた。現在では、「ふで」の意味ではこちらだけが使用されている。

第14問

これらの族徽は手に何を持った様子か？

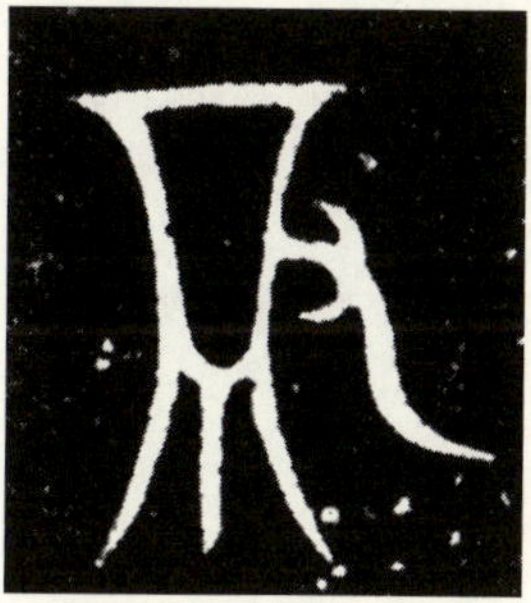

③

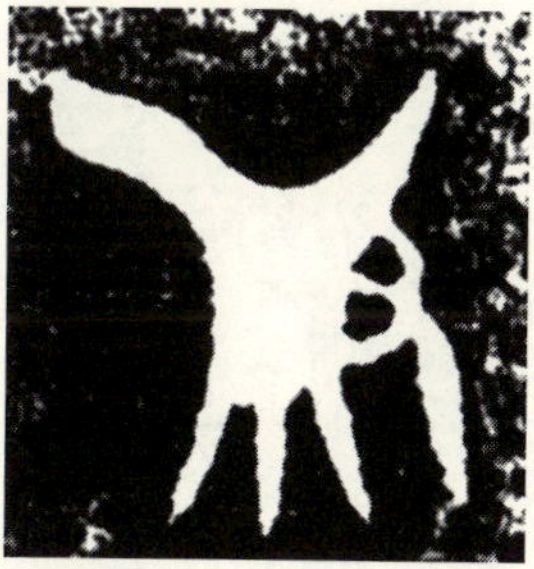

①

④

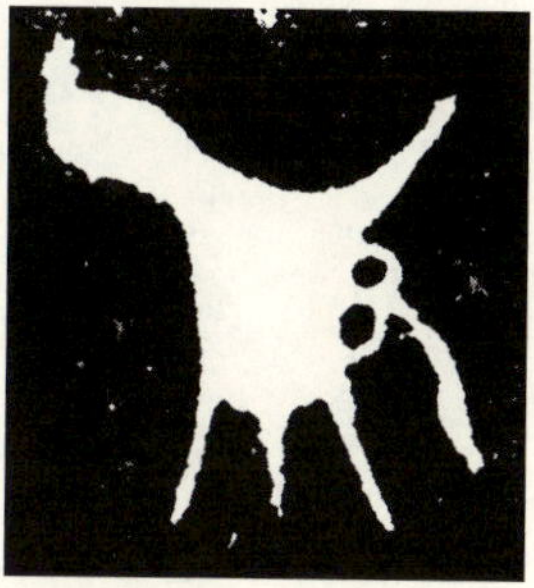

②

※「ㄟ」は手の形。④は手が非表示。

第14問の答え

酒を入れる器物（爵）

火にかけて酒を温める器物を手（ヨ）に持った様子を表しており、文字としては「爵《しゃく》」にあたる。後の時代に「爵位」の意味に転用されたが、本来は酒器を表す文字であった。

本頁の図は、発掘された青銅製の爵であり、族徽の形状に近い（上部左側が注ぎ口）。

なお、④だけは手の形がないが、これは例外的に族徽ではなく器種の表示であり、「この器は爵である」ということを示したものである。

殷代の祭礼の器として、食器系では「鼎」（九二頁を参照）が重視され、酒器系では「爵」が重視された。ただし、鼎の場合と同様に、青銅製の爵を直接に火にかけることはせず、土器などで温めた酒を注いで神に捧げた。

「爵族」については、祭礼を担当した族か、あるいは青銅器の生産に関係した族と思われるが、甲骨文字などには詳細な記述がなく、いずれが正しいかは明らかでない。

解説

新石器時代の段階から、神や祖先を祭ることは宗教的権威の獲得に必要であり、そうした状況は王朝の成立後も続いた。

祭祀の形式については、より古い時代には酒を用いたものが重要だったようで、酒器が多く出土している。おそらく、酒で酩酊状態になることで「神が近くにいる」という感覚になったのであり、これが原始的な祭祀のあり方だったのだろう。

その後、王朝がさまざまな制度を整えていくと、祭祀についても原始的な儀式から朝廷儀礼へと変化していった。甲骨文字や族徽が使われた殷代後期は、その過渡期にあたる。

初期の甲骨文字（紀元前十三世紀後半）には、さまざまな方法で祭祀がおこなわれたことが記されており、ほとんど定形化していなかった。また祭祀で使う犠牲の数も一定しておらず、祭祀の対象も不規則だった。神や祖先に捧げるものも、犠牲のほか、酒・舞踊・音楽・穀物・玉器などさまざまであり、明確な規則性がない。

その後、末期の甲骨文字（紀元前十一世紀前半）になると、王朝の祭祀の対象が先王《せんおう》（祖先の殷王）にほぼ限定されるようになり、また祭祀に使われる家畜の組み合わせもパターン化が進んだ。また、この時期には原始的な儀式から作法を重視する朝廷儀礼への変化が始まっており、青銅製の酒器も減少して食器が増加した〔林一九八四・落合二〇一五など〕。「爵」

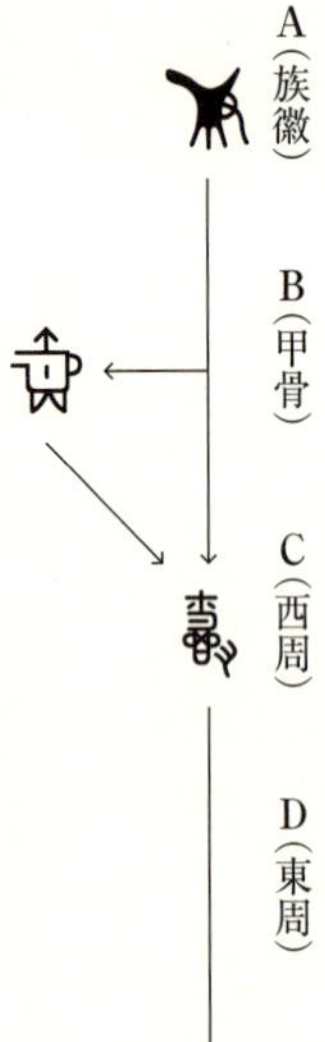

などよりも「鼎」などの方が重視されるようになったのである。
そして西周代になると、朝廷儀礼の形式がより定まっていき、依然として酒を用いるものの、過度に飲んで酩酊しないことが重要とされた。こうして、原始的な儀式が人為的な儀礼に姿を変えたのである。
文字としての「爵」については、族徽と甲骨文字では表現が異なっている。甲骨文字の「」は、手の形がない代わりに爵の上部にある突起や側面の把手が表現されている。表では便宜上、ひとつの系統としてまとめたが、それぞれ別個に作られた可能性が高い。
ただし、西周代の金文では、両者が折衷されており、上部の突起と手の形の両方が描かれている。そして秦代には、香り酒を表す「鬯《ちょう》（）」という文字が付加されて「」になった。楷書では、手の形の「又」が類似形の「寸」になり、また鬯も変形し、「爵（旧字は爵）」の形になっている。

第15問

これらの族徽は何を表したものか？

③

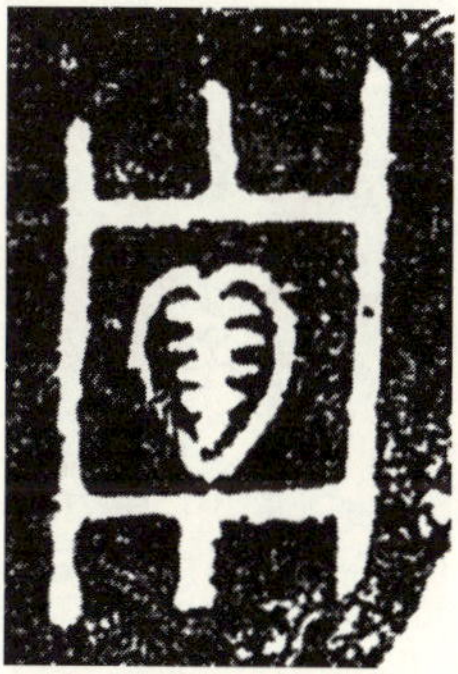

①

④

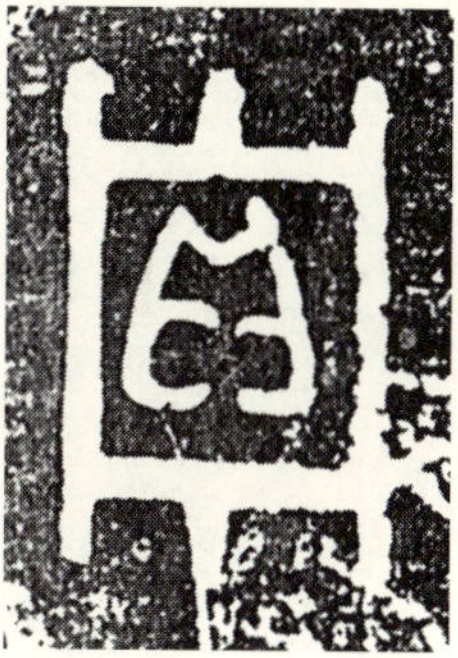

②

※91頁にヒントがある。

第15問の答え

貴重品の貯蔵庫（貯）

「〓」は貯蔵庫の形であり、その中に宝貝（子安貝の貝殻）を収めた様子を表している。

　本頁の図は、殷代の遺跡から発掘された子安貝の貝殻であり、紐を通して束にするために背側に穴が開けられている。族徽のうち、①は貝をリアルに描いているが、②～④はいずれも簡略化されている。

　貯蔵庫の形については、きわめて単純化されており、どのような設備（あるいは建築物）だったのかを推定することが難しい。

　文字としては、「〓」は「宁《ちょ》」にあたり、また「〓」などは「貝」であり、両者を併せて楷書の「貯」にあたる。甲骨文字でも「宁」は「〓」の形であり、また「貝」として「〓」や「〓」などの形が使われている。

「貯族」は、王朝において貴重品を管理していた族と思われるが、甲骨文字にはそれに関する具体的な記述がない。一時期には領主が王朝の部将を務めていたようで、甲骨文字ではその地位を表す「師」をつけて「師貯」と呼称されている。

解説

古代においては、官僚制が普及するまでは「国家の財政」という概念は希薄であり、税収や王朝の資産などは「王の家産」と見なされた。そのため、徴税や資産管理も王の内的な家臣が担当しており、具体的な数値は歴史資料には残っていない。また税率や徴税のシステムなども、詳しいことはほとんど分かっていない。

ただし、あまりにも恣意的に運用すれば批判を招き、さらには反乱が起こるので、領主層への一定の利益供与などが必要だったことは間違いない。ちなみに、後代でもこうした初期国家の状態を残したのがモンゴル帝国などの遊牧民国家であり、皇帝（「カーン」などと呼ばれる）には「気前よくばらまくこと」が求められた。

殷王朝もそうした状況だったようで、「ばらまき」に適した威信財として宝貝を利用した。当時も子安貝は東シナ海や南シナ海で豊富に産出しており、南方との交易ルートを保有していた殷王がそれを大量に輸入した。そして、「王のみが入手でき、王が与える宝貝」は権威の表示として機能し、その賜与《しよ》を通して権力構造が形成された。甲骨文字や金文には、王による宝貝の賜与に関する記述が多く見られる。「貯」は、そうした殷代の支配構造を背景に作られた文字なのである。

「貯」の字形について、甲骨文字には族徽の③に近い「」のほか、「貝」の形として

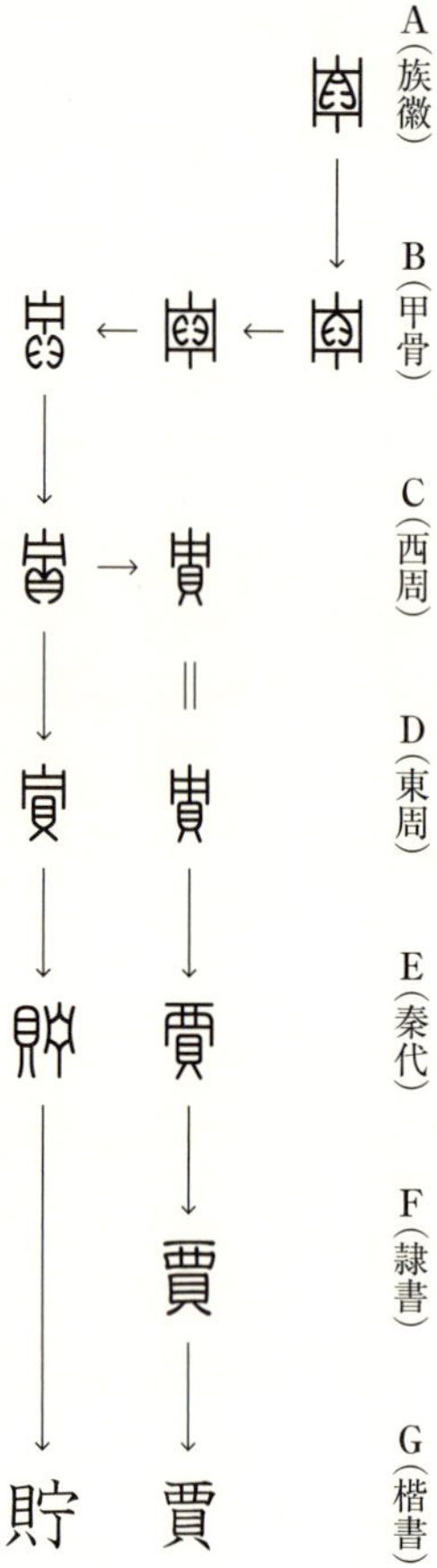

「〓」を使用した「〓」が使われていた。さらに、異体字として宁と貝を上下に並べた「〓」があり、この系統が後代に継承された。
西周代には、「貝」について子安貝の左右の分割状態を表示しなくなった「〓」が作られており、「貯」もそれを反映して「〓」を使った「〓」が作られている。その後、秦代の篆書で貝と宁を左右に並べた「〓」となり、楷書の「貯」に継承された（現状の資料では碑文の隷書に「貯」が発見されていない）。
そのほか、貯と起源を同じくする文字として「賈」がある。これは変形した「宁」と「貝」を上下に並べた構造（〓）が残ったもので、商売の意味に転じて使われた。「賈人《こじん》」は「商人」の意味である。

第16問

これらの族徽は何を表したものか？

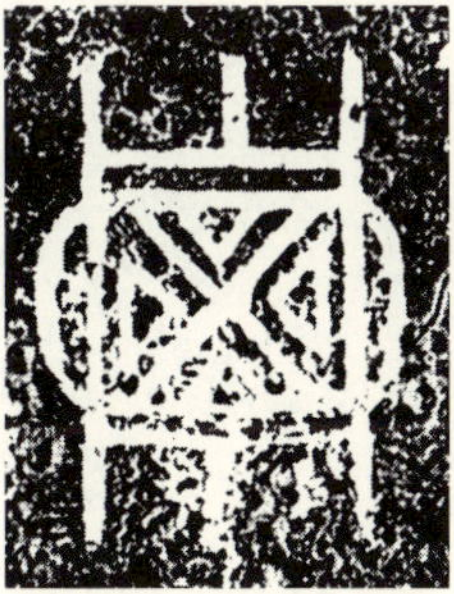

③

①

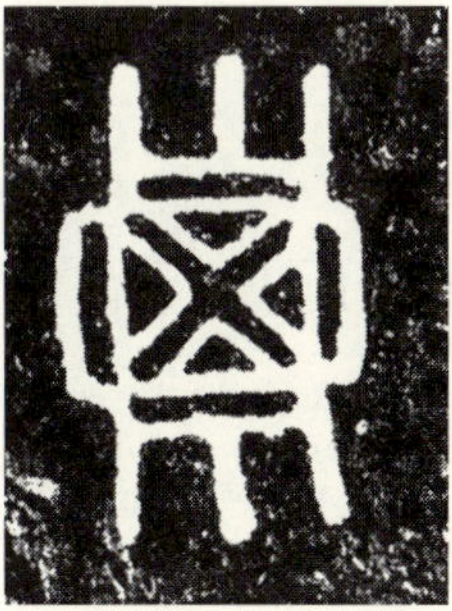

④

②

※難問。形状は宁（宁）とも似ているが関連はなく、布を表す巾（巾）の関連字である。

第16問の答え

刺繍をした布（黹）

いずれも刺繍《ししゅう》をした布の表現であり、漢字としては「黹《ち》」という文字にあたる。各族徽はそれぞれ表現が少しずつ異なっているが、布に斜線模様で刺繍した様子であることは同じである。

王朝の儀礼が整えられていくと、そこで使用される衣服も豪華なものになり、刺繍をした上着や帯も使われるようになった。西周王朝になると、さらに規定が整えられ、儀礼専用の膝掛けや靴なども使われている。

こうした物品は、西周中期以降の金文では王からの賜与物としても記されており、中小領主層に対しては、黒い絹布に刺繍をした上着（金文では「玄衣《げんい》黹《ち》屯《とん》」と呼ばれる）や赤い靴（同「赤舄《せきせき》」）を与えられる例が多い。

「黹族」については、繊維製品を扱っていた族なのか、それも祭礼を担当した族なのかは不明である。甲骨文字には、黹族が一部隊を形成して軍事によって王に奉仕する記述も見られ、比較的大きな勢力を持った族だったようである。

解説

中国では新石器時代の段階から繊維製品を作っており、麻布のほか絹の生産も始まっていた。布を表す「巾《きん》（）」は、新石器時代の記号にも類似形が見られ（一四頁を参照）、これが元になっている可能性がある。

そして王朝の出現後には、前述のように儀礼の参加者に立派な服装が求められた。特に重要だったのが絹であり、光沢のある布が身分の高さを表示するために有効だったようである。ちなみに、甲骨文字には養蚕《ようさん》に関する記述もあり、蚕を表す文字（）や桑の木を表す文字（）も見られる。「」は口から糸を吐く虫の形であり、「」は大きな葉がある木の様子である。

こうした儀礼や服装の制度化は、王や領主の権威を高めるとともに、王朝内の文化的統一をもたらした。殷代の段階では不徹底であったが、西周代になると王朝の文化が地方にも及ぶようになり、春秋時代になると黄河流域全体で近似の文化が共有された。

さらに戦国時代になると、南方の長江流域まで文化的な一体化が進んだ。この傾向は秦の始皇帝が中国統一を達成した後も続いており、始皇帝は南方も含めて制度的統一を進めたのである。

文字としての「黹」については、甲骨文字ではさまざまな形で簡略化されている。ただし、

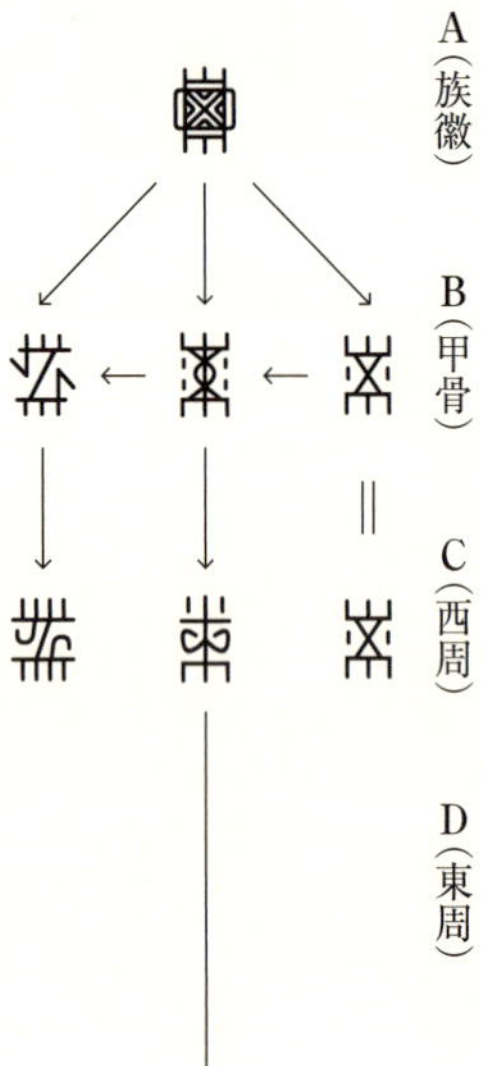

いずれも上下の布の端の部分が「巾（巾）」で表現されており、また内側に刺繍の表現があることは共通している。

東周代には、現状の資料では「黹」の確実な例がないため経緯は明らかではないが、秦代の篆書では「黹」の形になっており、西周代の「黹」が継承されたものと思われる。これが楷書の「黹」になっており、「巾」の形が下部に残っている。

なお、「黹」は現在ではほとんど使われないが、それに関連する文字として「帯」がある。初めて出現した西周代の金文では、黹の略体を並べた「〓」の形であり、長くて刺繍のある布であることを表示していた。その後、部首として「巾」が加えられており、「帯」の旧字体の「帶」のうち、「巾」を除いた部分が「〓」に由来している。

コラム　族徽の外側②　付加記号について

付加記号の「亜」

族徽は、その周囲に別の記号や文字が加えられることがある。族徽と同様に学術用語として定まっておらず、「准族徽」や「身分標識」、あるいは「聯綴《れんてつ》文字」などの呼称がある。本書では、これを仮に「付加記号」と呼ぶことにする。

付加記号のうち、最も多く見られるのが「亜」である。族徽や甲骨文字では「✙」や「✙」の形で表示されており、「亜」の旧字体の「亞」がそれをよく残している。

次頁の図2－5の①は、亜を用いた族徽であり、「兎族」のものである。「兎」の部分は長い耳や短い尻尾などが写実的に描かれており、動物の兎であることが分かりやすい。「亜」は中央が空いた形状であるため、族徽を取り囲む形で使われることも多い、図2－5の②は「井族」のものであり、「亜」が族徽の「井」を取り囲んでいる。「井（丼）」は井《い》桁《げた》の形であり、楷書にもほぼ同形が残っている。そのほか、ここまでに挙げた例で、四九頁の「𠦝族」にも使用例が見られ、「亜」形が族徽を囲んでいる。

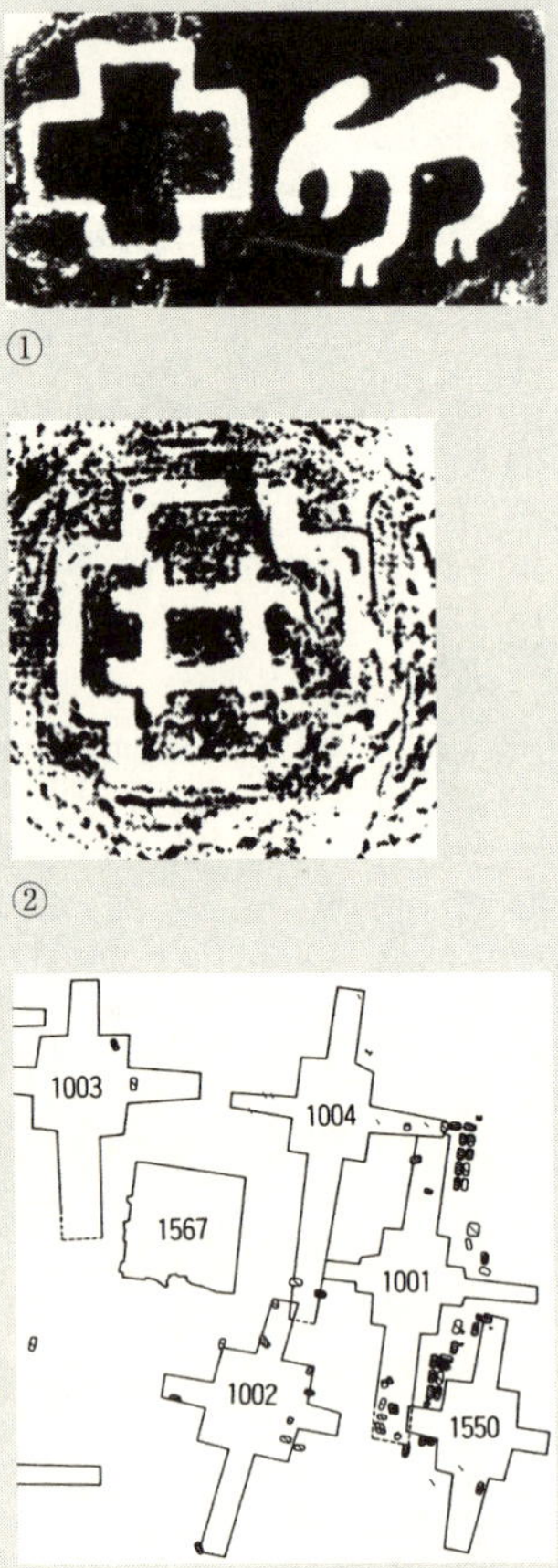

図2-5　付加記号の「亜」と王墓

「亜」にどのような意味があるのかについては諸説あり、「聖職者」〔白川一九七一など〕や「武官」〔陳夢家一九五六など〕といった説がある。しかし、当時の支配体制は祭政が未分化であり、領主層は宗教的権威に必要な祭祀権と、物質的権力に必要な軍事権の両方を保有していたので、いずれかに特定することは時代背景と矛盾する。

また、当時は官僚制が未発達だったので、「官職」〔路二〇一二など〕とする説も整合性がない。同じく、爵制も未成立であり、「爵称」〔王二〇一五〕という解釈も不可能である。

そもそも、殷王朝側の資料である甲骨文字では、亜は王朝の有力者のみに使用された称号であり、しかも時代は初期（紀元前十三世紀後半）にほぼ限定されている。つまり、本来は王朝の公的な称号として有力者に使われていたものが、後に王朝としては使わなくなり、その代わり、地方の領主層が自称として勝手に使うようになったのである。

さらに言えば、甲骨文字では「亜」は個人に対して用いられているので、この点でも族の単位を表す族徽に使用するのは本来の用法とは言えない。

なお、かつては金文（青銅器の銘文）を王朝が管理したという説もあった（第一章参照）が、こうした呼称の違いから考えても、あり得ないことである。金文は、族徽も含めて領主層側に主体性があって作成されたものなので、王朝側の公称・公認ではなく、領主層側の自称・自作であるという点は、常に意識して歴史資料として用いなければならない。

「亜」の字形については、殷王の墓の形が元になったと考えられている。図2－5の③は殷代後期の首都（殷墟遺跡）から発見された王の墓地の一部（発掘図）であり、それぞれの王墓は全長が百メートル前後である。深く掘られた正方形の墓室から四方に墓道が伸びており、「亞」に形が近い（一五六七号墓は最後の王のものであり建設途中で放棄されている）。

それ以外の付加記号

「亜」に次いで多く見られるのが「子（子）」である。図2－6の①に例を挙げたのは「龏族」のものであり、「子龏」を称している。

「子」は、文字としては子供を表しており、上部には相対的に大きな頭が描かれている。また、歩行がおぼつかない様子を表すため、足は一本で表現されている。これが楷書の「子」に継承されており、一画目が頭、二画目が胴体と足、三画目が両手にあたる。

こちらも甲骨文字の初期に見られる称号であるが、その意味には諸説があった。当初は王子（殷王の子）と考えられていたが、その後、百人以上の「子某」が発見されたため、現在ではほぼ否定されている。また、「封建された始祖の某の子孫」の表示とする説もあったが、殷代には封建の確実な例がないため、「始祖の表示」とする説も不自然である。

現状では、「擬制的な父子関係」とする説が最も妥当と考えられる。日本で言う「猶子《ゆうし》」のようなもので、「義理の子」としての地位を得るが王位の継承権はない形態である。ただし、「子某」のうち、何人かは実際の血縁がある王子が含まれていた可能性がある。

「子某」についても、甲骨文字の初期のみの制度であり、その後は王朝としては使わなくなったのであるが、族徽の付加記号としては西周代まで使用された。しかも、甲骨文字の「子某」と重なる例が少なく、「亜」と同じように、大半は自称の称号として使用されたものであった。

付加記号としては「宁《ちょ》（申）」も見られる。「宁」は貯蔵庫の形であるため、財物の蓄積に関係する意味があったと思われるが、甲骨文字には詳細な記述がなく、正確な意義は不明である。付加記号の「宁」は、族徽の周りを取り囲む形にしたり、横向きにして「工」として使われることもある。図２‐６の②に付加記号としての「宁」の例を挙げた。「戈《か》族」の族徽であり、戈の周りを宁が囲んでいる。

なお、族徽の「貯」（一二〇頁参照）については付加記号ではなく族徽の一部である。また族徽として「宁」が単独で使用されることもあり、甲骨文字にも「宁族」の長に関する記述が見られる。

そのほか、族徽の周囲にデザイン性を高めるための装飾が施される場合もあり、これを本書は「装飾符号」と呼んでいる（例えば一一二頁）。装飾符号は族徽を美しく見せるためのもので、称号などの表示ではないとする見方が主流であるが、確実には判明していない。

ちなみに、甲骨文字や金文には、族徽の付加記号以外にも個人の称号（肩書き）が多く見

①

②

図 2-6　付加記号

られる。地方領主を表す「侯《こう》」や武官を表す「自《し》（師）」、文官を表す「乍冊《さくさつ》（作冊）」などである（自・乍冊は西周代の金文に多く見られる）。また、「小臣《しょうしん》」という称号があり、本来は「王の身近な臣下」を意味していたが、後に「やや低い身分の臣下」の意味に変化した〔木村二〇〇四〕。あるいは「小」の文字が使われていることが、意味の変化をもたらしたのかもしれない。

こうした称号も基本的には自称の場合が多く、例えば西周代の金文では、「師《し》某」を自称する人物が王からは単に「某」と呼ばれる例が多い。

族徽の併記

以下は、付加記号ではなく、複数の族徽が併記されたものなどを挙げる。なお、併記されたものとして最も多いのは祭祀対象の祖先名であるが、これは終章後のコラムで詳述する。

祖先名以外で最も多いと推定されているのが双系《そうけい》の血縁表示である。殷代・西周代の社会は父系《ふけい》集団によって構成されており、ひらたく言えば男性が家を継ぐ社会である。当然、族徽も父系によって継承されるのであるが、時に母親が属していた集団の族徽が併記されることもある。姻族が何らかの形で外孫（あるいは外甥《がいせい》）を支援していたのであろう。

図2－7の①は族徽併記の例であり、上部に「韋《い》族」、左下に「葡《び》族」が併記され、また

右下に祭祀対象の「父辛《ふしん》」がある。ただ、ふたつの族徽を併記する例はかなり多く、一部は婚姻関係ではなく政治的な連合関係だったと推定されている〔何二〇〇九など〕。

また、希《まれ》な例として、複数の族による合同祭祀を示すものも発見されている。図2-7の②がその一例であり、四つの族による共同製作・合同祭祀である。「若族の癸」「師族の乙」「受族の丁」「旋族の乙」が祭られている。

そして、そのほかにも存在すると見られるのが族名と個人名（族長の名）が併記されたものである。族徽で表される単位は族名であり、現代日本の苗字に近い。そうであるから、個人名の併記も当然あったはずである。

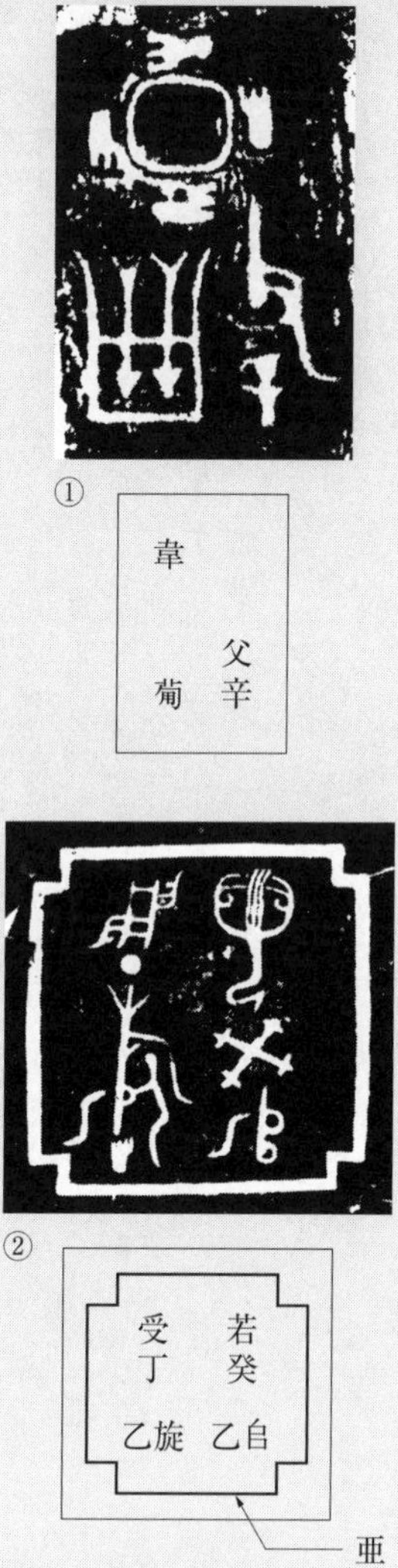

図 2-7　付加記号

実際に甲骨文字には族名と個人名を併記する例が多く、例えば「象侯発《ぞうこうはつ》（象が族名、発が個人名、侯は称号）」や「望乗《ぼうじょう》（望が族名、乗が個人名）」、あるいは「沚《し》馘《かく》（沚が地名、馘が個人名）」など多様である。したがって、一見すると二つの族徽が併記されたように思われるものの中に、族名と個人名の併記が紛れている可能性が高い。

しかし、族徽か個人名かを見分けることは難しく、甲骨文字や金文によって確実に個人名と判断できるもの以外は、族徽と見なされているのが現状である。序章でも述べたように、族徽を七百種以上と見積もる説もあるが、実際には、短期間にしか見られないものには個人名も多く含まれていると見るべきであろう。

第三章　人の行為を表した族徽

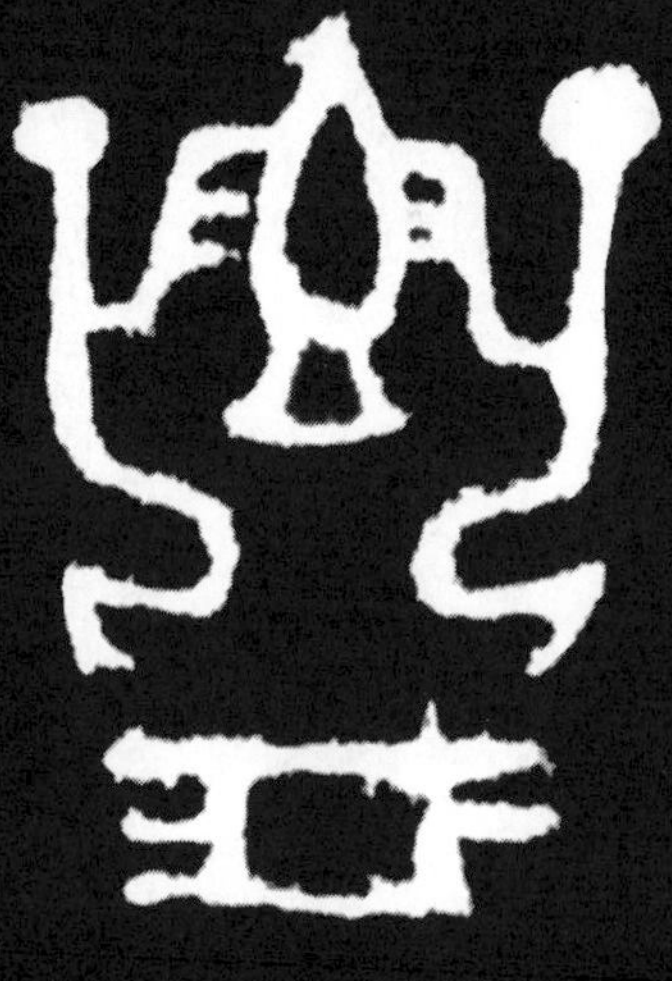

軍事と祭祀

族徽には、人の動作や様子を表現したものも多い。敢えて出自集団を象徴する族徽にしたのであるから、何気ない日常的な行為ではなく、政治的な意味がある文字が主に選択されている。

その一類型として、軍事に関する表示が挙げられる。武器を扱う人などを表現することで、軍事力の保持や王朝に対する軍事的奉仕を示したのである。

また、本書でたびたび取り上げたように、支配においては祭祀も重要であり、それを表現した族徽も少なくない。軍事よりも祭祀を重視した族か、あるいは主に祭祀によって王朝に奉仕した族だったのであろう。

そのほか、軍事と祭祀以外にも人の行為に由来する族徽があり、神話や信仰を表現したものや生業に関連するものなどがある。

「人」と「大」

人の行為に由来する族徽は、必然的に人体の形を用いることが多い。主に使われたのは「人」と「大」である。

「人」は、立った人間の側面形であり、族徽では「」のような形で表される。上部にある小さい円形は頭部であり、左に突き出た部分が腕である。また胴体と足は一本の線で表現されており、少し腰をかがめて立っている人の様子である。

「人」は、甲骨文字では頭部を簡略化した「」や「」で表示された。その後、表現が変化して「」などになり、さらに異体字として「」が出現した。これが楷書の「人」になっている。

また、楷書では偏として使われると「イ（にんべん）」の形になるが、こちらの方が、むしろ古くからの形（など）を強く残している。「人」と「イ」は、いずれも一画目が頭部と手であり、二画目が胴体と足である。

「人」が側面形であるのに対して、「大」は人の正面形である。族徽では「」の形で表されており、やはり上部にある小さい円形が頭部である。両手・両足を広げており、自分を大

きく見せていることから「おおきい」の意味になった。ただし、文字や族徽の一部として使われる場合には「おおきい」の意味ではなく「人体の表現」であることが多い。

その後、頭部が簡略化されて「」などになり、さらに「」などで両手が直線になり、楷書の「大」に継承された。楷書のうち、一画目が両手の表現に由来している。

なお、甲骨文字には類似形として「」があるが、こちらは「頭部を強調した人の正面形」の別字であり、文字としては「天」にあたる。強調された頭部が楷書では横線になっており、「一」と「大」を合わせて「天」の形である。

そのほか、人体の表現としては、正座した形である「」が使われることもあり、文字としては「卩《せつ》（ふしづくり）」にあたる。また、動作を表す際に手の形（）や両手の形（）が使われることもある。文字として前者は「又《ゆう》（あるいは爪）」、後者は「廾《きょう》」にあたる。

人の行為に由来する族徽の例「奚族」

ここからは人の行為に由来する族徽の具体例を挙げる。

図3－1の族徽は、いずれも戦争の捕虜を表している。①や②は、下部の大（）が人の正面形であり、上部の「」が紐の形である。両者を合わせて「頭部に紐を付けられた捕虜」を表現している。文字としては「奚《けい》」にあたる。さらに③は、付加記号の亜（）のほか、紐を持つ手の形を加えていて、捕虜であることを分かりやすくしている。

戦争捕虜は軍事的な成功を象徴しており、甲骨文字には「奚」を犠牲として神に捧げる記述も見られる。おそらく、「奚族」も軍事力を誇った族だったのであろう。

文字としての「奚」は、手の形を加えた「」「A－2」の系統が継承されており、甲骨文

①

②

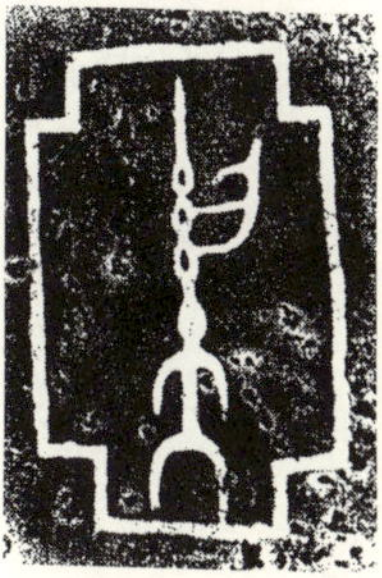

③

図3-1「奚族」の例

A（族徽）　B（甲骨）　C（西周）　D（東周）　E（秦代）　F（隷書）　G（楷書）

1
2

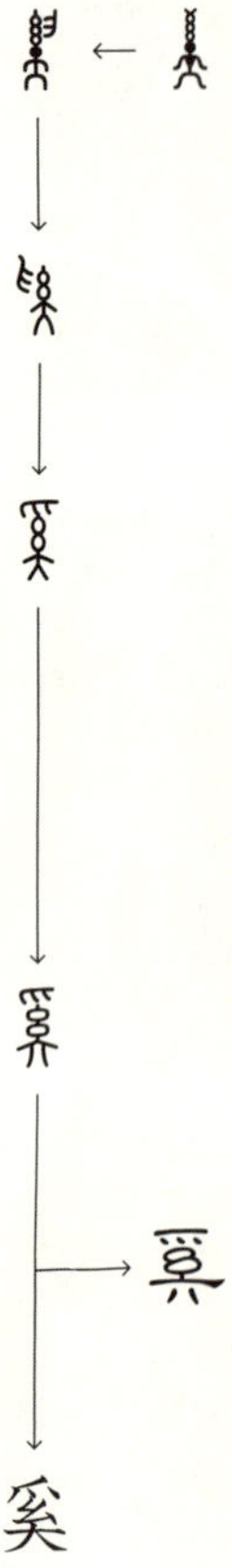

字では「」の形になっている。これが構造を変えずに楷書になっており、手の形が「爪」、紐の形が「幺《よう》」、人の正面形が「大」であり、三者を合わせて楷書も「奚」の形である。

関連する文字として「係」があり、甲骨文字では「人（）」の首の部分に紐をつけた形（）であった。こちらも捕虜の係留を表している。なお、「係」と「奚」は成り立ちが近く、また発音も古代から近かったため、通用して用いられた。

そのほかにも捕虜を起源とする文字は多く、例えば、「印」は甲骨文字では「」の形であり、座った人（）を手（）で押さえつけている様子である。後に押さえつけて使う「印章（印鑑）」の意味に派生した。また、「孚《ふ》」は甲骨文字では「」であり、手（）で子（）をさらう様子である。後に「人（亻）」を加えて「俘（俘虜の意味）」の形にている。

人の行為に由来する族徽の例「具族」

図３－２の族徽は、鼎を両手で持っている形であり、文字としては「具」にあたる。鼎は九二頁などで紹介したように、煮炊きの器であり、祭礼の器として重要視されていた。「具族」は甲骨文字などには記載がないが、何らかの形で祭礼に関わっていたと推定される。

族徽はいずれも足に飾りのある鼎を表現しており、「鼎族」の族徽（　）（九三頁）とは違って甲骨文字の鼎（　）に近い表現である。なお、①の上部に記されているのは祖先名の「父《ふ》乙《いつ》」である。

文字としての「具」については、族徽はいずれも両手が上部にあり、「鼎を提《さ》げ持つ様子」を表している。一方、甲骨文字には異体字として両手が下部にある形（　）があり、「鼎を掲げ持つ様子」の表現である。こちらの系統が後代に継承された。

①

②

③

図 3-2 「具族」の例

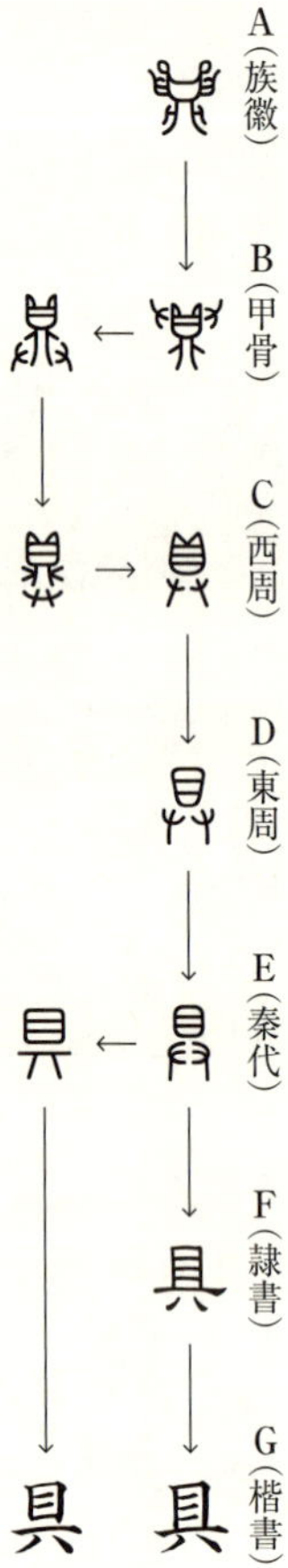

その後、西周代に鼎の形を「貝」（一二〇頁参照）のような形に略した異体字（）が作られ、さらに東周代以降には「目」のような形になった（「」など）。また秦代〜隷書で両手の形の「廾」も変形し、「具」の下部の「六」の部分になっている。なお、「具」は旧字体が「具」であり、「廾」の形がやや残っている。

人の行為に由来する族徽の例「重族」

図3－3の族徽は、序章で紹介した「東」（二四頁参照）を用いている。「東（・）」は筒状の袋の両端を縛った状態を表しており、人（）がそれを背負った様子である。文字としては「重」にあたり、人が重い荷物を背負った様子から「おもい」の意味になった。殷代や西周代には荷物を運ばせる馬（駄馬《だば》）が普及しておらず、主に人力で輸送をおこなっていた。人が重い荷物を持つのは日常的な風景だったので、「おもい」の意味として袋を

背負った人の姿を用いたのは、自然な発想だったと言える。

もっとも、文字を扱っていたのは王や領主層の人々であり、彼ら自身が日常的に重労働をしたわけではない。文字や族徽には彼らが見聞きしたものも反映されているのである。

族徽の表現は細部に相違があるが、「荷物を持った人」という点は同じである。①は人の足（）の部分が強調されており、足に重量がかかっていることの表現であろう。また、②は人と荷物をつなぐ二本の短い横線が加えられており、背負い紐の表現と思われる。③は立った人ではなく座った人の形を用いており、また付加記号の亜（）が配置されている。

甲骨文字などには「重族」の行動は全く記されていないので、詳細は不明である。字形の構造から見て、貢納や物流を担当した族だったと思われるが、何らかの神話を表現している可能性も否定できない。

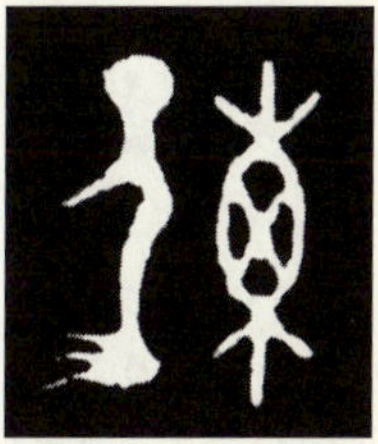
①

②

③

図 3-3 「重族」の例

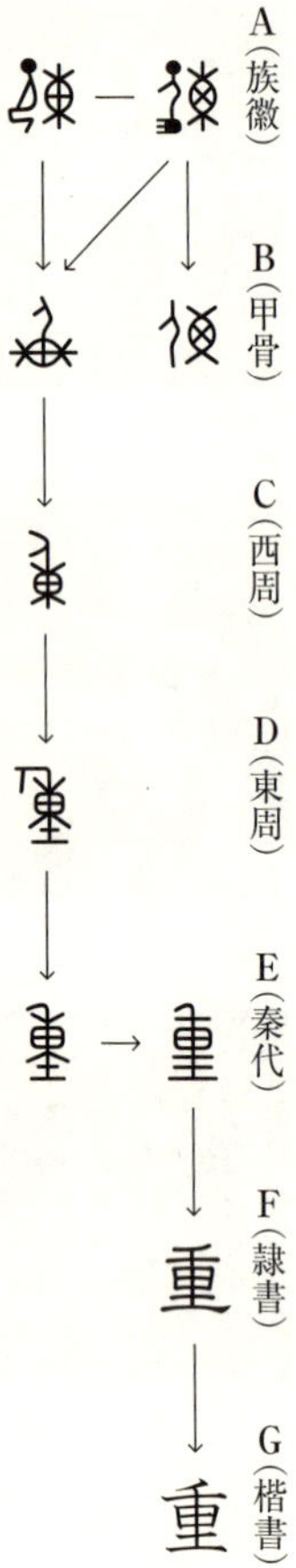

文字としての「重」について、甲骨文字では族徽に近い「〓」のほか、人（〓）と東（〓）を重ね合わせた「〓」も使われていた。重ね合わせたのは人が直接持っていることの表示であろう。族徽と比較すると、立った人を使用した点では「〓」に近く、また「東」の形は「〓」に近い。

その後、東周代には下部に「土（〓）」が加えられており、荷物を地面に下ろす様子、あるいは荷物を地面から持ち上げる様子と思われる。そして、秦代には「〓」のほか、「東」の部分を変形した「〓」が使われており、これが楷書の「重」に継承された。楷書のうち、中央の「人（イ）」を除く部分が東と土にあたる。

本章も、ここからは第二章までと同じく設問形式とし、人の行為に由来する族徽を合計八問挙げる。

第 17 問

これらの族徽は何の様子を表したものか？

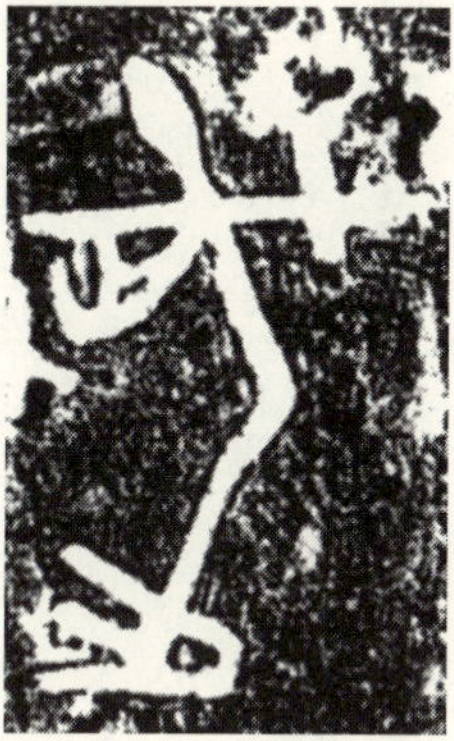

③

①

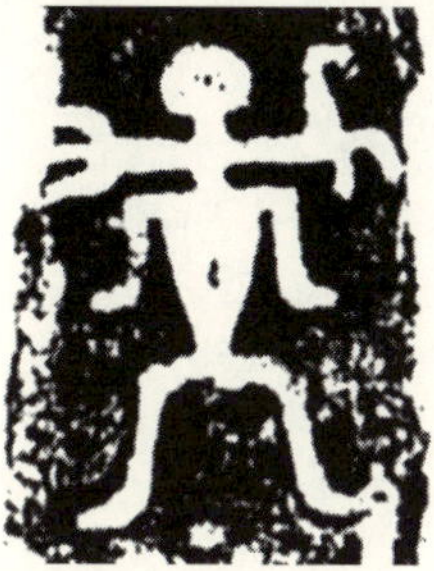

④

②

※第 5・10 問の解説にヒントがある。

第17問の答え

人が武器を背負った様子（何）

人が武器の「戈《か》（）」を背負った様子であり、文字としては「何」にあたる。戈は長い柄に垂直に刃物を取り付けた武器である（一〇〇頁を参照）。

族徽の表現は、いくらかの相違はあるが、いずれも戈を担いだ様子であることは同じであり、同一族の族徽と推定される。①と③は人の足（）を強調しており、また②は刃先が下を向いている。③は戈の柄の部分が簡略化されている。④については、人の側面形の「人（）」ではなく、正面形の「大（）」を使っているが、「人が戈を担いだ様子」であることは同じである。

「何族」については、甲骨文字に多くの記述があり、また長期間にわたっている。殷王朝の有力な支持勢力のひとつだったようである。一時期には何の領主が王の貞人（占いの担当者）も務めている。

武器を持った様子であることから、「何族」は軍事によって王朝に奉仕した一族と考えられる。甲骨文字には「何は羌《きょう》を以《もた》らすか」（羌は西北辺境の敵対勢力、以は捕虜の献上）のような記述が見られる。

解説

殷代には、最も強力な兵器として戦車が運用されていた（九六頁参照）が、台数が限定されており、王に近い部隊以外は、徒歩で戈や刀（一〇〇頁参照）を持って戦った。その点で、「何族」は王の直属部隊には所属していなかったと推定される。何族は独自に領地を持っていたので、自身の配下の人々を率いていたのであろう。

文字としての「何」については、甲骨文字では頭部や戈の形が簡略化されて「」として表示された。異体字の「」では、人の横顔（・）を使った形になっている。

そして西周代の「」は、後者に口（）を加えている。「口」は、「くち」や「器物」のほか、「抽象的な物体」としての用法もあるので、この段階で「武器の戈を持って行くこと」という軍事的な意味がなくなり、「荷物を持って行く」の意味になったと考えられる。

さらに、東周代の「」では人体の部分が「人（亻）」として独立しており、結果として

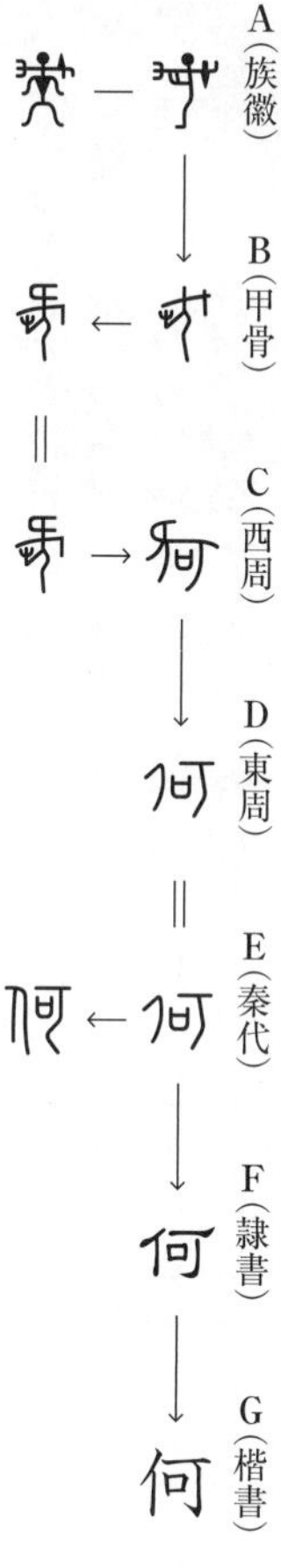

人（イ）を部首として「可」を発音符号に用いた字形に転換している。これが隷書の「何」などを経て、楷書の「何」に継承された。もっとも、「可」は別の成り立ちであり（甲骨文字では「」などの形）、字形と発音が偶然に近かったために起こった同化現象である。

なお、「戈《か》」と「何《か》」も古代から発音が近かったと推定されており、こちらは「武器の戈」と「武器の戈を持って行くこと」が言葉の成り立ちとしても近かったと考えられる。

文字の意味として、「何」は東周代以降に疑問を呈する文字として使用されるようになった。一方、「荷」は「艹（くさかんむり）」が部首で、本来は「蓮《はす》の葉」の意味であったが、東周代以降における「何」の用法変化により、「荷」が仮借《かしゃ》（発音による当て字）の用法で「になう」や「荷物」として使われるようになった。

ちなみに、「何」以外にも「戈」を使った文字は多く、ほとんどが軍事や戦争に関係した文字である。例えば「武」は、甲骨文字では「」の形であり、戈（）と止（）から成っている。「止」は、後代には「とまる」の意味で用いられたが、本来は足の形であり、「ゆく」の意味であった。したがって、「武」は「武器の戈を持って進軍すること」が本来の意味である。その後、「戈」の部分が変形して楷書の「武」になった。

第18問

これらの族徽は何の様子を表したものか？

①

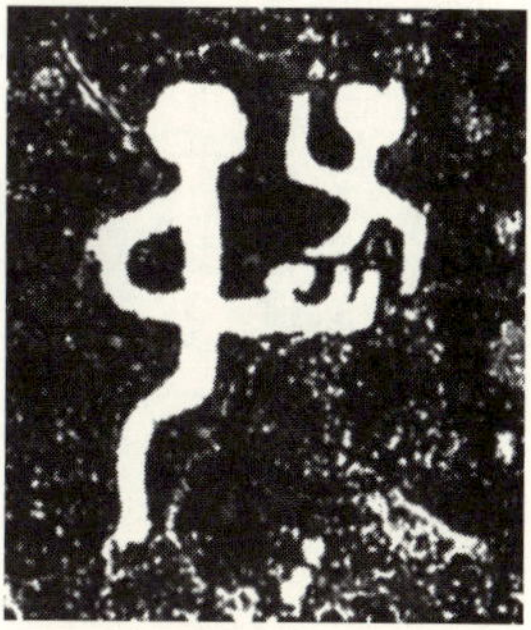

②

③

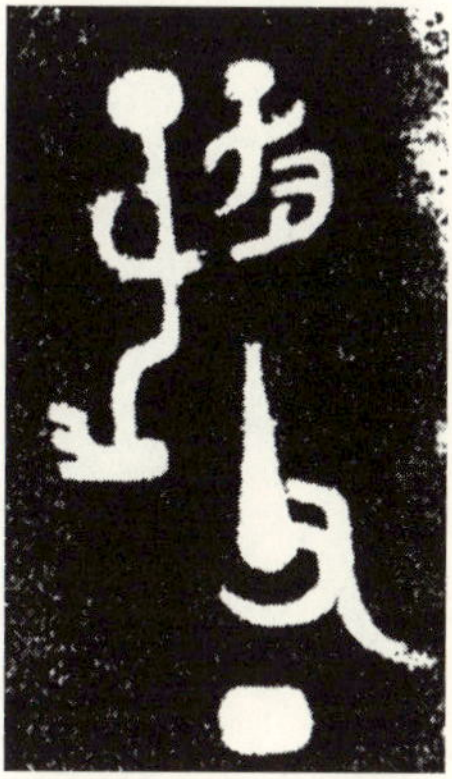

④

※④の右下は父祖名の「父丁」。

第18問の答え

子守をする様子（保）

いずれも人（）の背後に子供の形の子（）があり、人が子供を背負った様子である。手（）を後ろに回した表現をしており、子守であることが分かりやすい。

文字としては「保」にあたり、子守から転じて「まもる」の意味になり、さらに治安維持を担当する役職の意味でも使われた。西周代の初期には、「大保」が軍事的に活躍したことが金文に記されている。

族徽のうち、③と④は人の足（）が描かれている。前掲の「重」や「何」でもそうであるが、族徽で人が何かを持った状態を表現する際には、足が強調表示されることがある。また④は腕を表す線が切れているが、これは意図的なものではなく鋳造時のミスであろう。

役職としての「保」は、甲骨文字や金文では軍事によって王に奉仕する記述が見られる。族名としての「保」については甲骨文字や金文には確実な例がないが、あるいは従来、役職名として読まれていた「保」の一部に紛れているかもしれない。

解説

現在は少子化の時代であるが、歴史上のほとんどの時代で、子孫繁栄は最も重要な関心事であった。育児を表す「保」も、成り立ちとしてそれにかかわっている。

「保」以外にも、子供に関係する文字は多い。例えば「字」は、甲骨文字では「」の形であり、家屋を表す宀（）の中に子（）があることで、子孫が増えたことを表している。漢字は複数の文字を組み合わせて新しい文字が作られることから、後に子孫繁栄になぞらえて「字」を「文字」の意味に使うようになった。

また「后」は、甲骨文字では「」の形であり、女（）が出産する様子を表していた。座った様子の「」に対して「后（）」は立った様子であり、当時の出産の様子・方法を示しているようである。子供は頭が先に生まれてくるので、「」では「子（）」が上下逆向きになっている（小点は羊水の表現か）。その後、女・子の両方が簡略化され、楷書の「后」になった。

ただし、古代中国は男尊女卑の社会であり、文字を扱っていたのもほとんどが男性である。そうであるから、育児の方法について、具体的に記した資料はごく僅かしかない。誰が育児を担当したのか、あるいは何歳ぐらいまで大人が面倒を見たのかなど、現状では分からないことの方が遙かに多いのである。

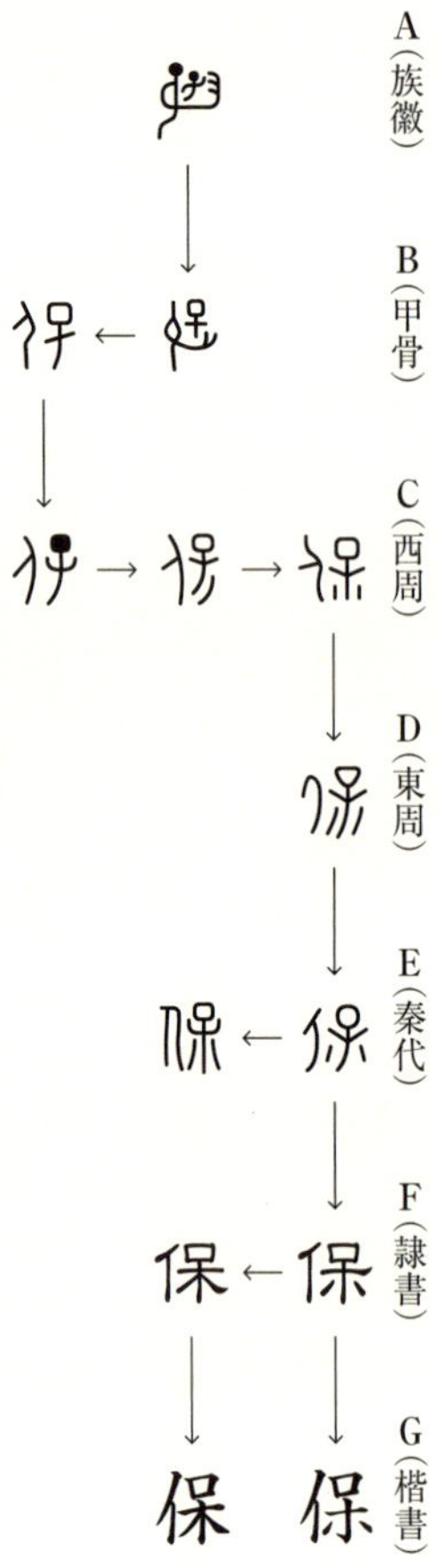

文字としての「保」について、甲骨文字では族徽に近い「」のほか、手を後ろに回した表現がない「」が併用されていた。後者が継承され、さらに西周代には「子」の下部に一本または二本の線が加えられた（）。「人の手が分離したもの」とする説もあるが、手の形（）にはなっていないので、「子供の襁褓《おむつ》の表現」とする説が妥当であろう。

二本の線を用いた形が東周代（）以降に残り、隷書では右下を「木」のような形にした「保」が作られ、楷書の「保」に継承されている。なお、現在では「保」は俗字とされているが、実際には西周代の「」など、より古い字形を反映している。また「保・保」のうち「」の部分は古い「子」の形（）を反映しており、むしろ楷書の「子」の方が後代に変形したものである。

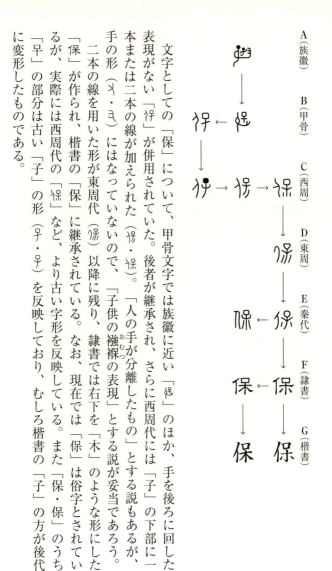

第19問

これらの族徽は何の様子を表したものか？

③

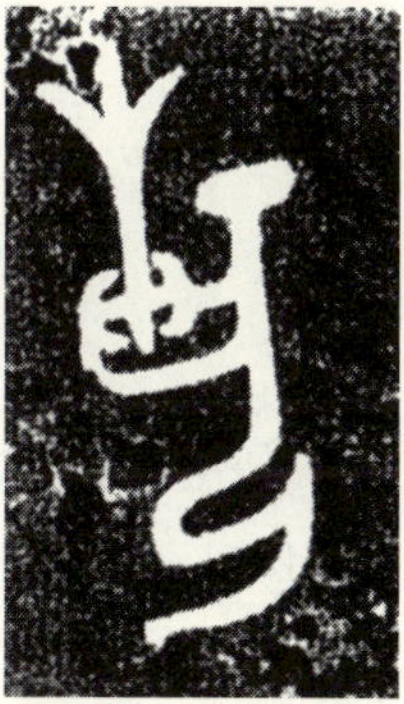
①

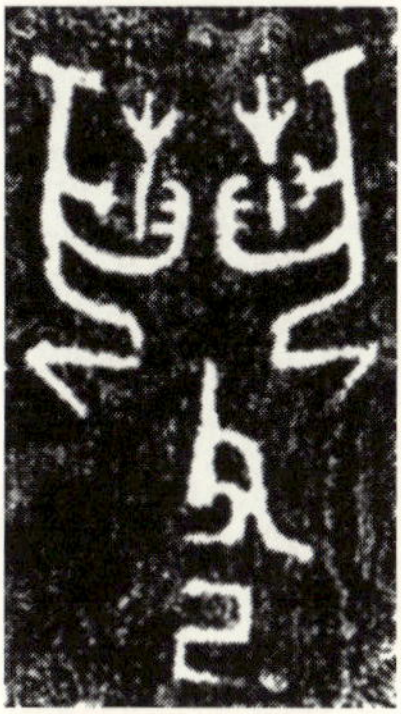
④

②

※④は意匠化して左右対称に並べ、さらに祖先名の「父己」を加えている。

第19問の答え

人が植物を植える様子（埶）

「ᛦ」は筆の形（一一二頁参照）であるが、上下逆向きの「丫」は草の形を表している。上部の短線が葉であり、縦線が茎である。族徽の「」などは、座った人が草を持った様子を表しており、文字としては「埶《げい》」にあたる。

甲骨文字では、「埶」が祭祀名として使われており、植物を用いた儀礼の様子を起源とする文字である。

族徽については、人の頭部に短い横線が加えられており、おそらく簪《かんざし》の表現である。古代中国では、成人すると男女ともに簪を使う習慣があり、男性も髷《まげ》を簪で留めていた。ちなみに、「夫」は人の正面形の「大」に簪を加えた形であり、楷書の「夫」のうち上部の「一」が簪を表している。また、「妻」も上部の横線が簪であり、楷書のうち「ヨ」の部分は簪を持つ手を表している。

「埶族」については、甲骨文字によれば殷の首都の近くに居住しており、王がたびたび訪れていた。おそらく都での祭礼に関与した族なのであろう。

解説

甲骨文字に記された祭祀としては、家畜を犠牲とするものが最も多いが、植物を使った祭祀儀礼も見られる。

例えば「奈」は、テーブルの上に祭祀用の樹木を置いた形であり、殷代には頻繁におこなわれた祭祀であった。楷書では、テーブルの形が「示」になり、「木」が類似形の「大」に変わっている（「柰」も異体字として楷書に残っている）。

また、「尞《りょう》」も植物に関係する儀礼が起源であり、甲骨文字では「米」の形であった。「米」は束ねた薪《まき》を表しており、「凵」は「火」である。夜間に燎《かがりび》を焚いておこなう儀礼であり、「米」の両脇の小点は火の粉の表示である。のちに「火」が類似形の「小」に変わって楷書の「尞」になった。ただし、本来の意味は「火」を増し加えた「燎」に反映されている。

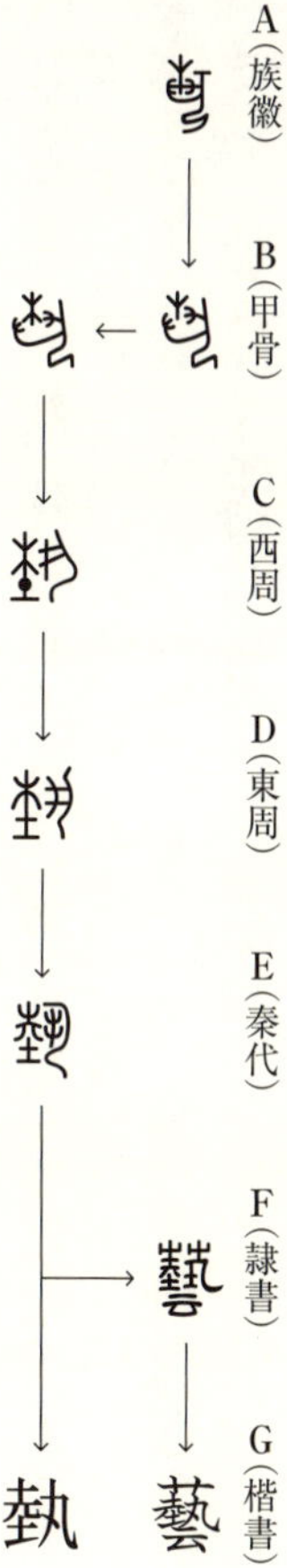

文字としての「埶」は、甲骨文字では「」の形になっており、簪を表す横線が省かれている。さらに異体字の「」は、草の形（）を木の形（）に代えている。いずれも植物を使った儀礼であることを表示しているが、「木」を使った字形が後代に継承された。

そして、西周代や東周代の字形（・）は、「木」の下部に「土（・）」を加えている。この段階で、儀礼としての表示ではなく、木を土に植える「園芸」の表示になったようである。

これが楷書の「埶」につながっており、左下には加えられた「土」が残っている。また、座った人が手を前に出した形（）は、「丮《けき》」という文字にあたるが、楷書では類似形の「丸」が使われている。

なお、「芸《げい》」は「埶」と同源の文字であり、字形としては、隷書で「芸《うん》」という文字を上下に分割して加えた「」が起源である。これが「芸」の旧字体の「藝」にあたり、園芸から転じて芸術などの意味にも使われた。なお、新字体の「芸」は加えられた「芸《うん》」だけを残したものであり、本来の成り立ちを全く失っている。

現在では、園芸や芸術などの意味では「芸（藝）」が使われることが多く、「埶」はほとんど使われていない。

第20問

これらの族徽は何の様子を表したものか？

①

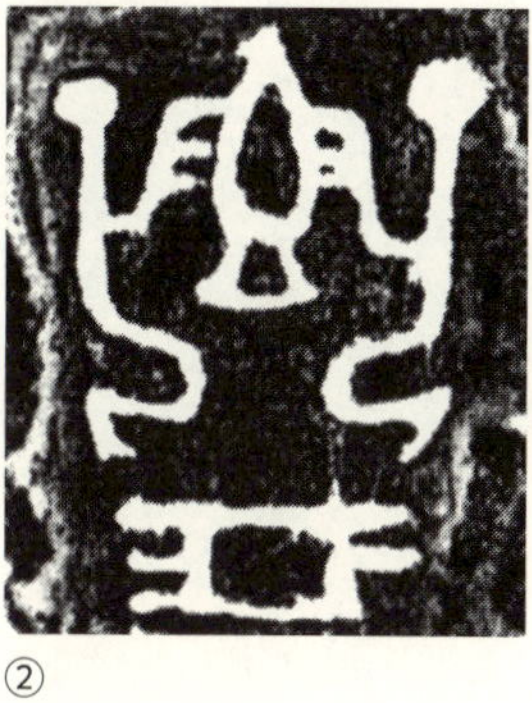
②

③

④

※いずれも下部は付加記号の宁（亞）。

第20問の答え

饗宴の様子（卿）

二人の人が座って向かい合い、その間に皀《きゅう》（）がある。皀とは、食器の高坏《たかつき》（）に食物を盛った様子を表した文字である。本頁の図は殷代の陶製の高坏であり、「」に形状が近い。

「」などは、全体として饗宴《きょうえん》（酒食でもてなすこと）の様子を表しており、文字としては「卿《きょう》」にあたる。ちなみに、甲骨文字では、皀は主に「」や「」の形が用いられており、族徽の方が略体を使った珍しい例である。

「卿族」については、甲骨文字などに記載がなく、詳しいことは分からないが、貯蔵庫の形である宁（）を付加記号として伴っているので、王の家産管理を担当していたのかもしれない。平時は家産を管理し、賓客が訪れた際には饗応するという職能だったのではないだろうか。

解説

甲骨文字では「卿」は饗宴を意味する動詞として使われており、「叀《こ》れ邑子《ゆうし》（地方領主の一人）を呼び、卿（饗）し、酒せんか」のような記述がある。「卿（饗）」は字形通りに食物の提供だけと捉えられており、合わせて「酒」が記されている。殷王朝の時代には、地方領主の自立性が強かったため、時に王が彼らを招いて饗宴をおこない、懐柔した。今も昔も、人が顔を合わせて食事をすることで互いの信頼関係を築こうとすることは同じなのだろう。そのため、「卿」は文字として「向かい合う」の意味で使われることもある。

「卿」は、字形としては甲骨文字で「」［B－1］になっており、座った人が手を前に出した「丮」ではなく、出していない「卩（）」が使われている。そのほかの異体字として、皀を詳細に描いた「」［B－2］や、人の横顔（・）を表現した「」［B－3］も併用されていた。「」が後代に継承され、西周代の「」や東周代の「」などを経て、楷書の「卿」になっている。

ただし、意味上での転換があり、後の時代には「高位の貴族」や「郷里」の意味で使われるようになった。前者については「卿」が使われ、後者については「卩」の部分を類似形の「邑《ゆう》（阝）」に代えた「鄉（旧字体は「鄕」）」が秦代に「」の形で作られている。「邑」は都市を表す文字であり、意味の転換に対応している。

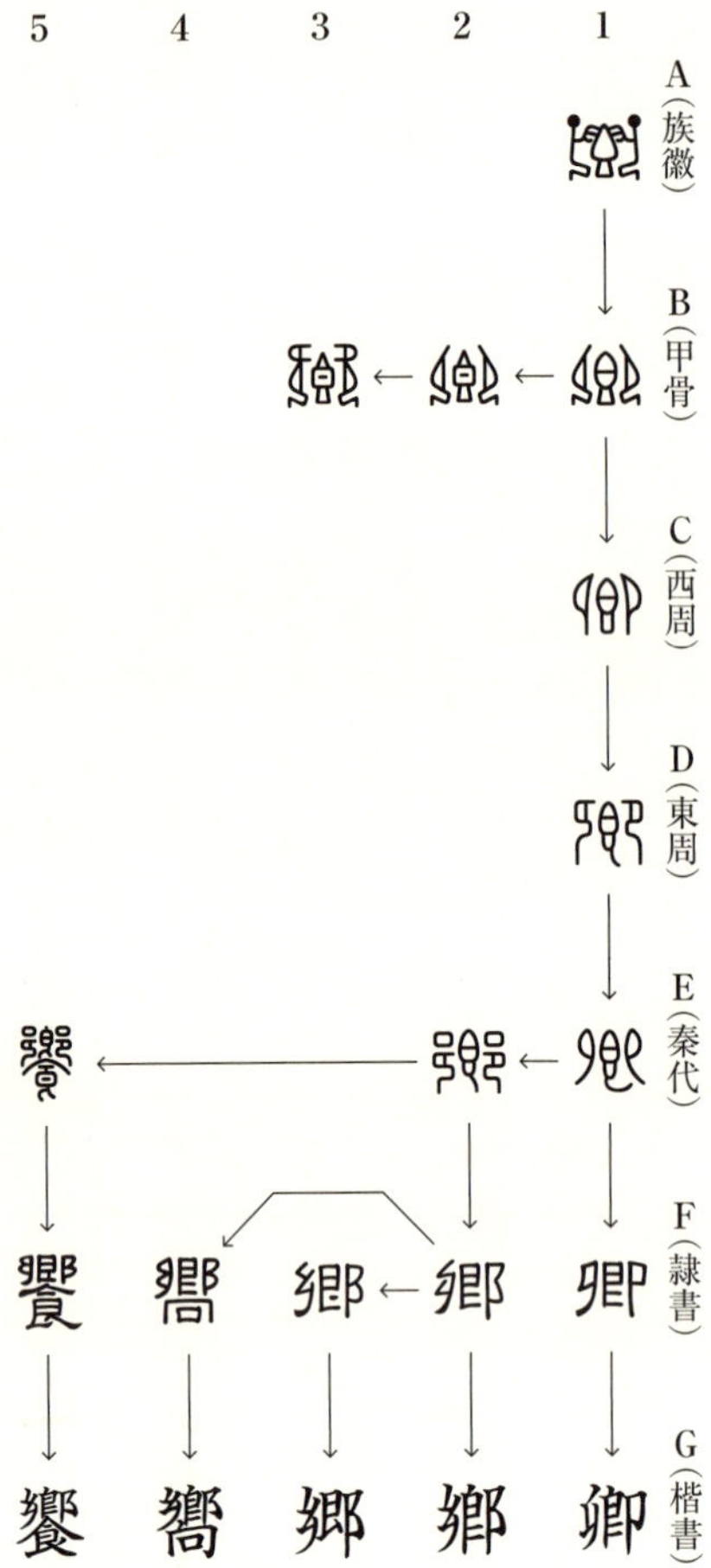

そして、本義の「饗宴」については、同じく秦代に「卿」ではなく「鄉」に「食」を加えた「饗」が作られ、これが楷書の「饗」になっている。また、「向かい合う」の意味では、隷書で「鄉」に「向」を加えた「嚮」が作られ、楷書の「嚮《きょう》」になった。

このように、意味の増加に合わせて新たな文字が派生する現象は「分化《ぶんか》」と呼ばれる。

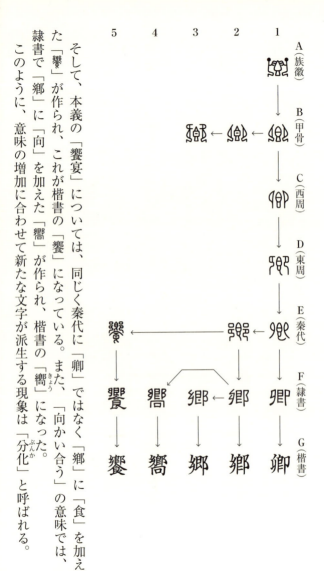

第21問

これらの族徽は何の様子を表したものか？

③

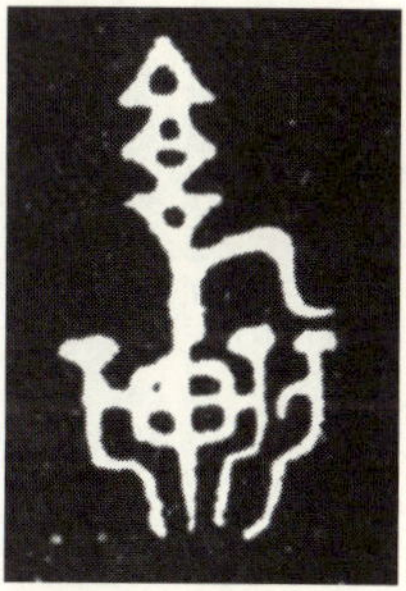

①

④

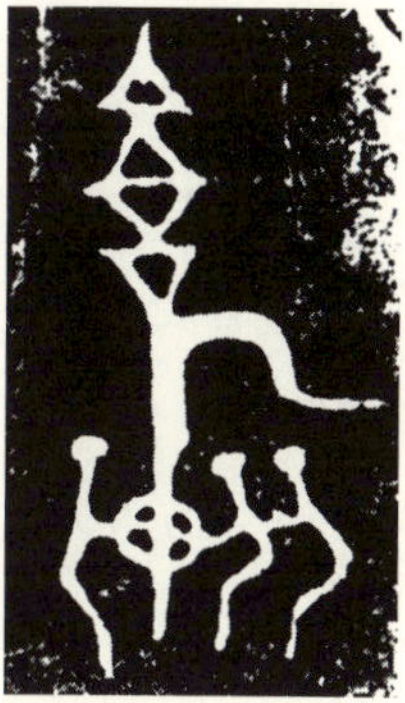

②

※88～89頁にヒントがある。

第21問の答え

人々が軍旗の下に集った様子（旅）

「ト」の部分は軍旗の形であり、縦線が旗竿、曲がった線が吹き流しである。

族徽の「」などは、軍旗の下に三人の人が集《つど》った様子を表している。文字としては「旅」にあたり、軍隊を表す文字である。特に遠征する軍隊を指して使われており、後にそこから転じて「たび」の意味で使われるようになった。

族徽では、旗竿の上の飾りを「夲《じょう》（）」という文字の形にしており、これは捕虜を捕らえる手《て》枷《かせ》の形である。「奚族」の項（一三九頁）でも述べたように、戦争捕虜は軍事的な成功を象徴するものであり、そこから手枷の形の「夲」も軍事力の象徴になった。なお、「夲」は単独で別の族徽として使われており、その一例を本頁の図に挙げた。

「」を仮に「旅族」と呼ぶ。これが甲骨文字に見える「旅（）」（「夲」がない形）と同一の族かは確実ではないが、そうであれば王朝に従った族であり、甲骨文字によれば一時期には王の貞人（占いの担当者）も務めていた。また族徽として軍隊の様子を表現したのであるから、軍事的な奉仕をした族と思われる。

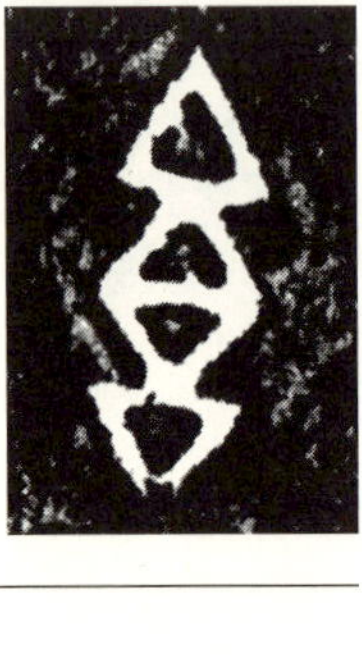

解説

甲骨文字や金文は、対象となる事物を簡略化して表現しており、「三つ」で「多数」を表す場合が多い。例えば、手の形の「又（・）」は五本指が三本に簡略化されており、足の形の「止（・）」も同様である。族徽についても、やや例外はあるものの、やはり「多数」が「三つ」に簡略化されることが多い。「旅（）」についても、三つの人（）によって「多人数の軍隊」を表示したのであろう。そのほか、ここまでに本書が挙げた例で言えば、「山（）」は多数の山がある山脈を三つの山で表現しており、また「聿（）」は多くの毛で作った筆先を三本で表現している。

「旅」について、甲骨文字に記された軍隊の人数は、三千人から五千人が一般的である。『史記』に記された伝説では、最後の王である紂王が七十万人の軍隊を発したというが、その「伝説」は殷が滅亡してから約千年も後に作られたものである。

殷代には、支配体制が未熟であり、王朝の直轄地は首都の周辺のみであった。そのため兵士の数も後代に比べて遙かに少なかったのである。また辺境で紛争が起こった際にも、利害関係が発生する領主しか動員することができなかった。王朝が全領土から徴兵ができるようになったのは、官僚制を伴った統一帝国（秦・漢）が出現してからのことである。

文字としての「旅」について、甲骨文字では「夅」を含まない「」の形になっており、

族徽の「〓」と同一起源であることは確実ではないが、便宜上、ひとつの表にまとめた。
殷代の「〓」は人を二つに簡略化しており、これが後代に継承された。そのほか、西周代には異体字として「車」の略体（〓）を加えた形（〓）が作られている。詳しくは分からないが、「戦車（九六頁参照）に立てた軍旗」の表示であるかもしれない。ただし、この形は後代には残っていない。

その後、秦代の篆書（〓）では吹き流しと旗竿が分離し、さらに異体字の「〓」では右辺が「衣（〓）」のような形になっている。「衣」は衣服の襟《えり》の形であり、「旅」とは全く関連がないが、これが影響したようで、隷書の「〓」も右辺が「衣」にやや近い形になっている。

これを継承した楷書も「旅」の形であり、二人の人のうち、左は「人（亻）」の形が残っているが、右は崩れている。さらに、楷書で旧字体とされるのは「旅」であるが、比較的新しく作られたものであって、むしろ新字体とされる「旅」の方が隷書（〓）に近い。

第22問

これらの族徽は何の様子を表したものか？

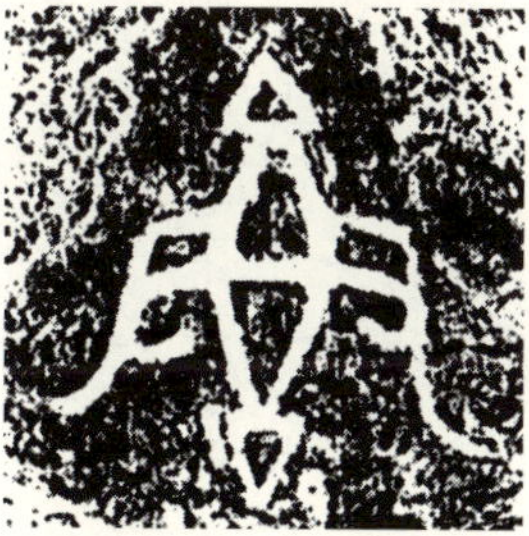

①

②

③

④

※④は付加記号の亜（亞）を使用。

第22問の答え

手枷に捕らえられた様子（執）

　前項でも取り上げた「㚔（）」を使用しており、それに両手の形の「廾（）」をつなげている。二つを合わせて、両手に手枷をかけられた捕虜の様子を表している。実際には、手枷に手首を通して使っていたはずであるが、おそらく表記として分かりにくくなるため、指と手枷を重ねるだけの表現になっている。

　文字としては、後述するように「執」の異体字にあたるので、「執族」と呼称する。前述したように、捕虜は軍事的な成功を象徴しており、執族も軍事によって王朝に奉仕した族と考えられる。甲骨文字には、執族の領主が王の命令で人々を率いて狩猟をするという記述も見られる。

　また甲骨文字では、「執」が捕虜を捕らえること（動詞）から転じて、捕らえた捕虜（名詞）の意味にも使われている。当時の王は捕虜を奴隷にしたり、時には祭祀の犠牲にすることで、自らの軍事力や権威を人々に示していた。甲骨文字には「執を祖乙《そいつ》（王名）以降の先王への祭祀に用いるが、王はその祐《たす》けを得られるか」などの記述がある。

解説

甲骨文字では、「手枷で捕らえられた捕虜」を表す文字が多く、異体字を含めると二十種以上になる。表ではそのうち四種のみを挙げた。族徽の形に近いのは「」であり、「㚔」と「廾」から成っている。また、甲骨文字では「㚔（）」だけでも捕虜の意味で使われており、「」の略体としての使用と考えられる。

そのほか、甲骨文字には両手だけではなく人体の全体を表現した「」がある。「㚔」と座った人が手を前に出した形の「丮」を重ねており、やはり捕らえられた捕虜の表現である。

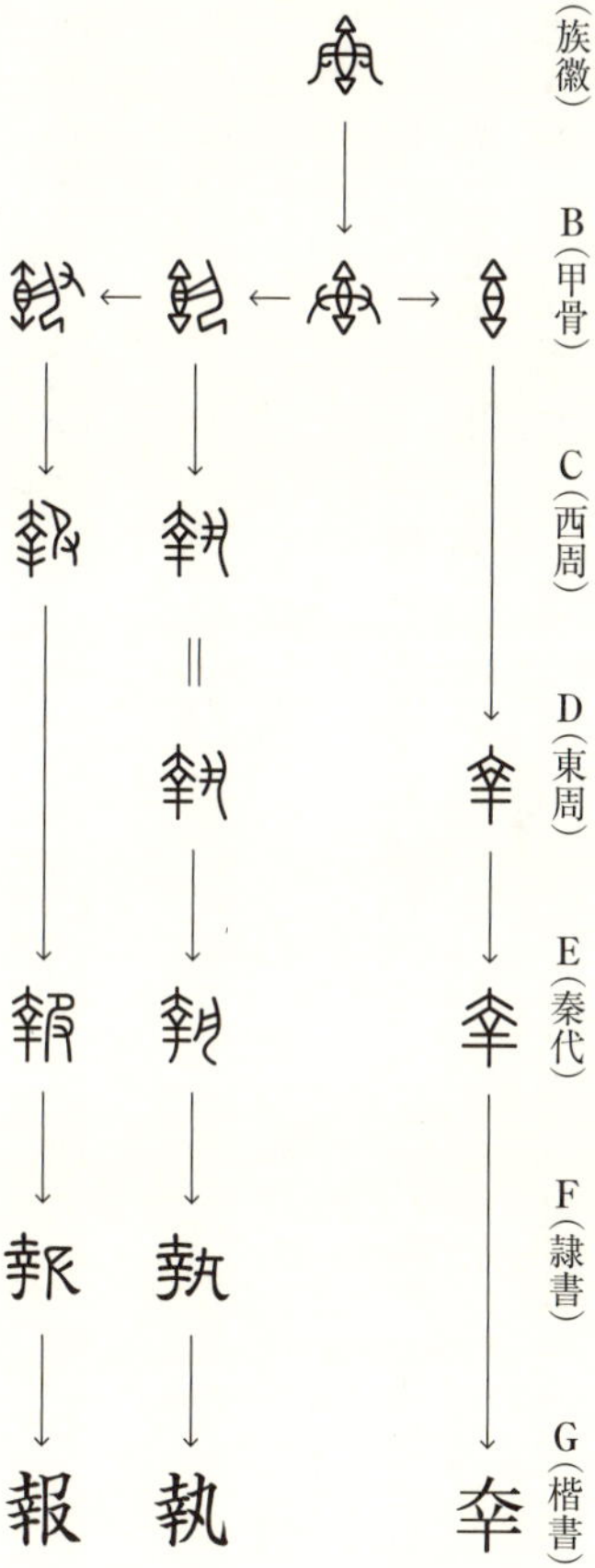

これが楷書の「執」にあたる。さらに、「」は人を押さえつける手の形（）を加えており、こちらは「報」である。

殷代には、「・・・」の四種に明確な使い分けはなかったが、後代には別の文字として独立した。ただし、族徽に近い「」の系統のみは、西周代以降に使われなくなっている。

「㚔（）」の系統は、字形の変化は比較的小さいが、意味が「悪事が止まない」に変化した。手枷から犯罪行為が連想されたのであろう。

「執（）」の系統については、西周代（）に人体と手枷が分離し、さらに隷書（）で「丮」が類似形の「丸」に変えられた。こちらは「とらえる」の意味が残っており、そこから「とる」（「執行」など）の意味にもなっている。

「報（）」については、西周代（）に「丮」が類似形の「卩」になっており、楷書の右辺も「卩」と手の形の「又」を合わせた「𠬝」の形になっている。意味としては「罪に服させる」となり、さらに転じて「むくいる」になった。

なお、「執」「報」ともに、隷書以降に「㚔」の部分が「幸」になっている（「幸」の字源には諸説がある）。

第23問

これらの族徽は何の様子を表したものか？

③

①

④

②

※いずれも付加記号の亜（亞・亞）を使用している。③は写真。

第23問の答え

兜をかぶった人の様子（憲）

この族徽は、文字としては「憲」の古い形であるが、関連する形が甲骨文字に見られないため、何を表したものかは諸説がある。

族徽の形はいずれも、付加記号の「亜」を除くと、下部が人の正面形の大（）の首から下、中央が目の形（）であり、さらにその上に何かがあるという構造である。「刃物で目を傷つける様子」とする説もあるのだが、「刀（）」（一〇〇頁参照）や鋭い刃物を表す「辛（）」などとは形状が異なっている。また、上部が「害」の略体で発音符号であるとする説もあり、字形上の共通点はあるが、古代の段階から「憲」と「害」はかなり発音が異なっていたと推定されており、この説も支持し難い。

現状では確実な証明は難しいが、後述するように後の時代に良い意味で使われたので、「人が視察をしている様子」とする説が妥当であり、上部は兜《かぶと》の形であろう。ちなみに「害」には、もと「まもる」の字義があり、兜の形として矛盾はない。「憲族」については甲骨文字などに記載はないので詳しいことは分からないが、あるいは王の視察を補佐した族だったのかもしれない。

解説

視察は、軍事的な保全行為であると同時に、支配権の明示であって、為政者にとって必要な行動であった。憲はのちに視察から転じて「賢明」の意味になり、さらに「規範」の意味になっている。

その重要性を反映して、ほかにも視察を起源とする文字は多く、「省」「直」「徳」などがある。いずれも、楷書でも「目」やその古い形である「罒」が含まれており、見ることに由来する文字であることが分かりやすい。

「省《せい》（）」は、目（）の上に発音符号としての生《せい》（）を加えた文字であり、「目」の上部の横線と「生」の下部の横線が重なっている。視察から転じて「かえりみる」などの意味で使われた。字形は後に「生」の上部が類似形の「少」に変わって楷書の「省」になった。

「直（）」は、目（）の上に縦線を加えた抽象的な表現であり、「まっ直《す》ぐ見る」を表している。「徳」は、「直」に進行を象徴する彳（）を加えた「徝《とく》（）」という文字が起源であり、のちに「立派なおこない」の意味になったため、「憲」と同様に「心」が加えられて旧字体の「徳」になった。新字体の「徳」は一画を減じた略体である。なお、「徳」に使われた「彳（）」は、道路の四つ辻を表す「行（）」の略体である。

文字としての「憲」について、前述のように甲骨文字には見えず、西周代の金文では人体

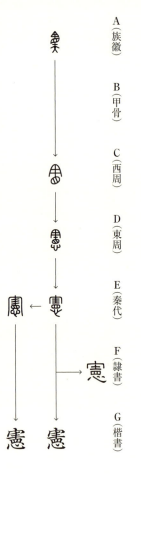

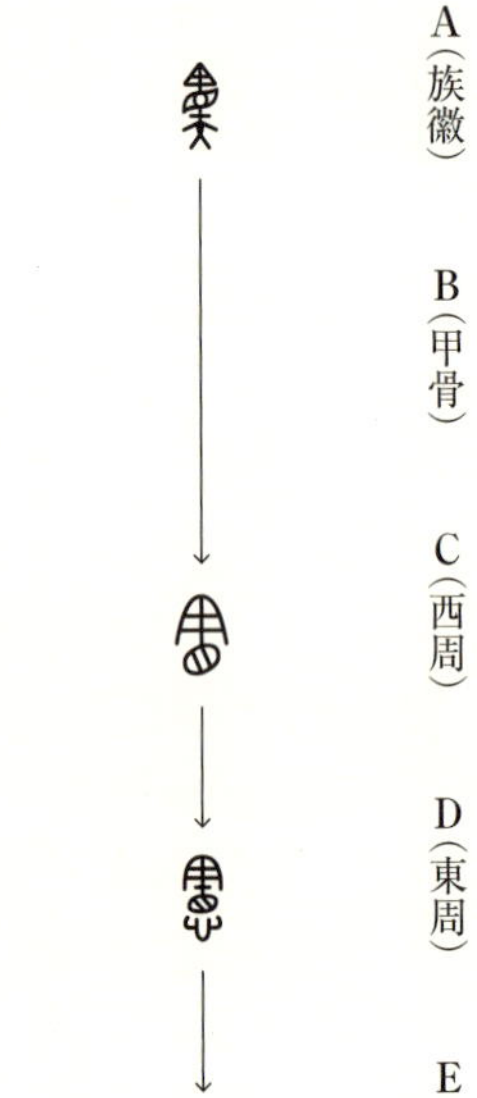

を表す「大」を省いた「〓」の形になっている。この段階では「憲」のうち「害」の形にあたる。

そして、「視察」から「賢明」に意味が転じたことを反映して、東周代には下部に部首の「心」を加えた「〓」の形になった。兜の形の「宔」と「目」の古い形の「罒」、および「心」を合わせて楷書の「憲」になっている。

なお、横線の一部を払いに変えた異体字の「憲」が旧字体とされるが、秦代に初めて出現した「〓」に由来しており、新字体とされる「憲」の方が、むしろ東周代の「〓」を反映しており、構造として歴史が古い。そのほか、隷書では略体の「憲」が使われていたが、楷書には残っていない。

第24問

これらの族徽は何の様子を表したものか？

③

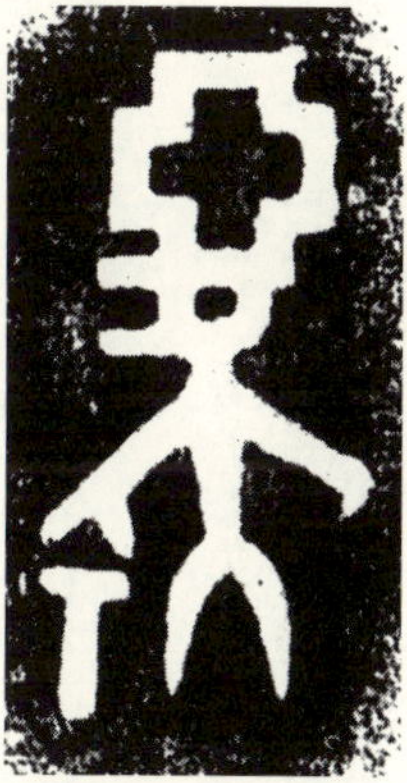

①

④

②

※難問である。「⊐・⊏」は人の横顔の表現。亜（✙・✙）は付加記号。③は写真。

第24問の答え

道に迷った人の様子（疑）

付加記号の「亜」を除いた部分（）は人体の表現であり、「・」は横顔を表している。「左右を見回している人」によって道に迷った様子を表しており、手に持ったものは杖であろう。

文字としては「疑」にあたり、「道に迷って左右を見回す」から「うたがう」の意味になったようである。

「道に迷う」が何らかの職能を表しているとは思われないので、疑族が持っていた神話を表現したものである可能性が高い。具体的な内容は不明であるが、神話学の一類型として「道に迷った人が神威や怪異に出会う」というものがあり、日本では東北地方の「迷《まよ》い家《が》」が有名である。あるいは、古代中国にもそうした神話があったのかもしれない。

「疑族」は殷代において有力な集団だったようで、数多くの青銅器（約百器）が残っている。甲骨文字には「疑族」の具体的な事績は記されていないが、疑族の長が王の貞人を務めていたことがあり、その署名が多く見られる。

解説

古代中国では各地に原始的な信仰があったのだが、西周王朝以降には天命思想と祖先崇拝が主流になり、信仰の多様性が失われていった。各地の原始信仰は、いくつかの文献に断片的に記録されているだけである。

例えば、甲骨文字には「夒《どう》（）」という神の名が見られる。文字の形を見ると、頭部は人間のもの（）と同じ（文字として「首」にあたる）であるが、手（）や足（）が強調され、また短い尻尾が表現されている。人に似た頭部で手足が目立ち、かつ短い尻尾がある生物、すなわち猿を神格化した猿神信仰だったと考えられる。

しかし後代には、文字として「夒」あるいはその異体字（）に由来する「夔《き》」は残っているものの、「夒」は「人に似た母猴《ははざる》」、「夔」は「一本足の神」と解釈されており（『説文解字』）、いずれも元の情報が変質している。なお、「一本足」とされたのは、「」の字形が足を一本で表現しているためであろうが、実際には一対（二本）の足を側面から見て一本に簡略化しただけである。虎や犬の四本足を二本で「」や「」（四八・五六頁を参照）として表現したのと共通する描写方法である。

つまり、字形は継承されたが、具体的な信仰の内容は残らなかったのである。こうした例は本書の第四章でも取り上げるが、現状では原始信仰を具体的に復元したり分析したりする

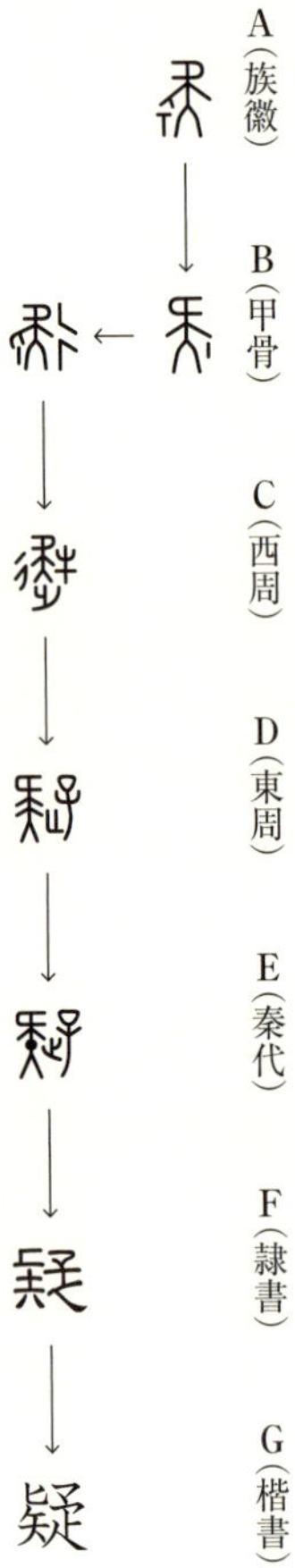

ことがきわめて困難である。「疑族」の神話についても、詳しいことは全く分からない。
　文字としての「疑」について、甲骨文字では族徽に近い「〓」が主に使われたが、進行を象徴する「彳（〓）」を加えた異体字の「〓」も少数だが見られる。後者が後代に継承され、さらに西周代の「〓」では「止（〓）」と「牛（〓）」が加えられ、また杖が省かれた。「止」も行くことを象徴している。「牛」は発音符号としての追加であり、当時から「疑《ぎ》」と「牛《ぎゅう》」は子音（声母）が同じであった。
　そして、東周代の「〓」では彳が省かれ、また発音符号が「子《し》（〓）」に代えられた。こちらは母音（韻母）が「疑」と同じである。これが隷書の「〓」で人の姿が変形し、また「子」と「止」が融合した。これを継承して楷書は「疑」の形になっている。「矣」の部分が迷った人の姿に由来し、「𤴔」の上部が「子」、下部が「止」にあたる。

コラム

族徽の外側③　殷代後期の支配体制

軍事・祭祀と地方支配

殷代の支配体制において重要だったのは、軍事・祭祀・地方支配の三点である。軍事が支配に必要なことは言うまでもないが、祭祀についても、すでに述べたように王の宗教的権威を確立し、精神面から人々を支配するために必要とされた。

そして地方を支配する方法については、殷代には後の統一帝国のような厳格なシステムは存在せず、基本的には土着の領主層に自治を認める間接統治であった。具体的には、首都の周辺は王による直接支配であったが、遠方は土着領主を認める間接統治であり、辺境に近い地域には「侯」と呼ばれる大領主が存在した。

殷代後期は、おおまかに甲骨文字の初期（紀元前十三世紀後半）、中期（紀元前十二世紀）、末期（紀元前十一世紀前半）の三つの時期に分けられる。ここでは、時代順に殷王朝の支配体制とその変化を簡単に見ていきたい（以下の内容について詳しく知りたい場合には、拙著『殷』をご参照いただきたい）。

なお、殷王朝に関する資料としては、殷代に作られた甲骨文字と、後代に作られた文献資料があるが、往々にして両者には食い違いが見られる。当然、同時代資料である甲骨文字の方が信頼性が高いのであるが、古来、『史記』などの文献資料が有名であり、そのため誤った情報が信じられていることが多い。以下ではこの点についても合わせて解説する。

甲骨文字初期の支配体制

殷王朝は最初の王朝を滅ぼして建国され、その後も支配領域を広げた。文化圏から推定される殷王朝の領土は、北や東は黄河下流域、西は支流の渭水《いすい》流域、南は長江北岸にまで及んでいる（図3－4を参照）。その後、殷代中期（紀元前十四世紀後半～前十三世紀前半）に混乱が起こった。

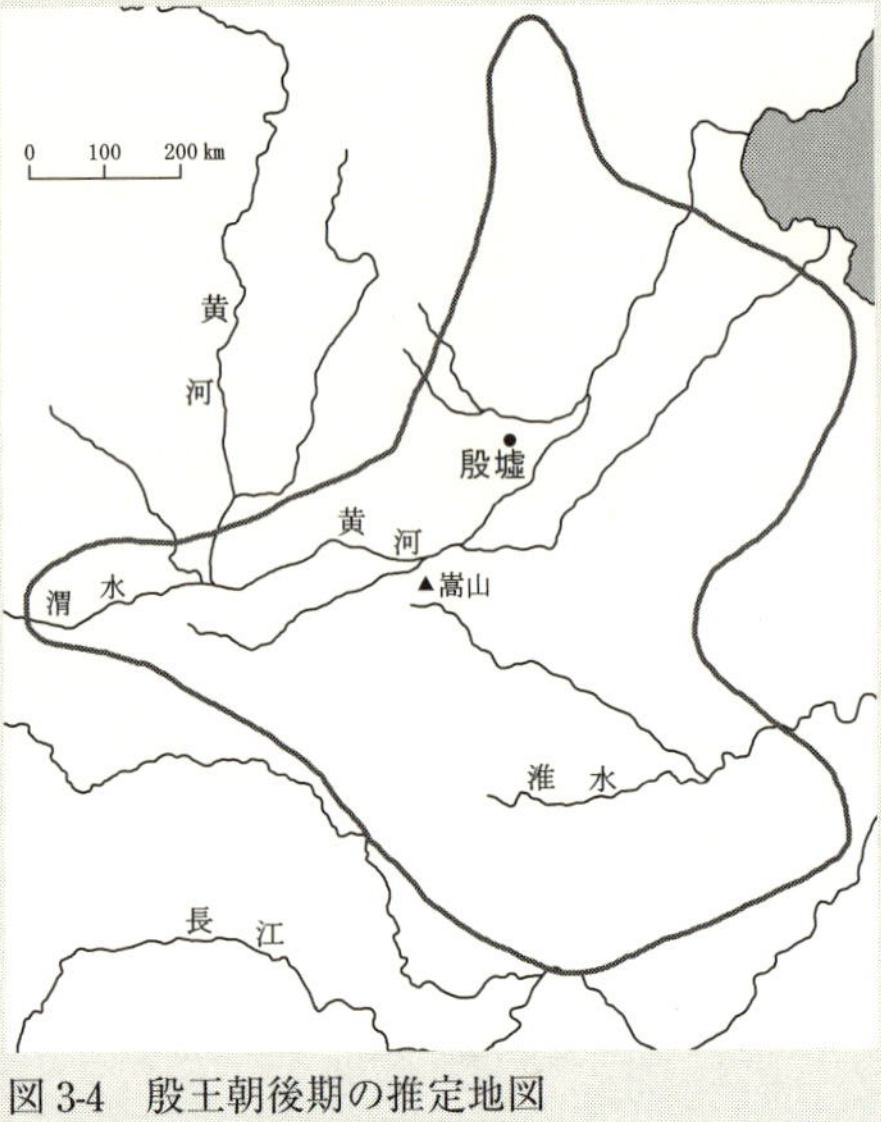

図3-4　殷王朝後期の推定地図

文献資料では、その混乱を収めたのが盤庚《ばんこう》という王だったとするが、殷代後期の首都から発見されている甲骨文字は、それよりも後の武丁《ぶてい》という王の時代からである。したがって、文献の情報は誤りであり、実際の中興の祖は武丁であったと考えられる。

武丁は、自身の本拠地に近い「商（殷墟遺跡）」を新たな都として定め、各地に軍隊を送って支配体制を再構築した。その際に、大小の土着領主を支配下に入れる形で王朝を再興しており、それが多数の族徽として文字資料に反映されている。

また、武丁は甲骨の占いを効果的に使用し、宗教的権威を確立した。時には占いの内容を「予言」として改竄し、超自然的な能力を演出することでカリスマ性も獲得した。

ただ、武丁の統治時代には中期の混乱を反映して、地方支配が安定していなかった。甲骨文字には、外敵との戦争が頻発し、地方領主の反乱も起こっていたことが記されている。

甲骨文字中期の支配体制

武丁の死後、紀元前十二世紀に入るころには、甲骨文字の記述内容から戦争や反乱に関するものが減少しており、支配体制が安定化に向かったようである。武丁の努力が実ったと言えるだろう。

その結果として、首都の墓地から出土する族徽の種類も増加した。領主の別邸もしくは出

1 武丁 ┬ 2 祖己
├ 3 祖庚
└ 4 祖甲 － 5 康丁 － 6 武乙 － 7 文武丁 － 8 帝辛（紂王）

図3-5　甲骨文字による殷代後期の系譜（数字はこの期間の継承順）

先機関が首都に建設され、さらに墓地も首都に造営する族が増加したと推定される。

祭祀についても変化があり、こちらは種類が減少している。武丁の時代には祭祀の形態や方法が固定化しておらず、さまざまなものが見られたが、それが定形化に向かい始めたのである。

また祭祀の対象についても、武丁時代には祖先の王のほか、河（黄河）の神・山（嵩山《すうざん》）の神・大地の神など、多様な自然神格を対象にしていたのだが、紀元前十二世紀になると祭祀の対象が祖先に限定されていくようになった。これも祭祀の定形化の一種である。

軍事的な面でも変化があり、武丁の死後には、王が主宰する狩猟が定期的かつ頻繁におこなわれるようになった。当時の狩猟は軍事訓練を兼ねていたので、王朝の軍隊の強化につながったと考えられる。

こうして、武丁時代の軍事行動やカリスマによる支配から、定形化した祭祀や定期的な軍事訓練を介した機構的な支配体制へと移行したのである。

なお、武丁の後を継いだ王について、文献資料では祖庚《そこう》という王だとするが、甲骨文字では武丁の後・祖庚の前に祖己《そき》という王が祭られており（図3－5を参照）、これが武丁の直接の後継者と考えられる。逆に、文献資料では殷代後期の王として「康丁《こうてい》の兄の廩辛《りんしん》」や「帝辛《ていしん》の父の帝乙《ていいつ》」が記されているが、甲骨文字ではそれらに対する祭祀が見られないので、殷滅亡後に追加された伝説と考えられる。

甲骨文字末期の支配体制と殷の滅亡

状況が変化したのは武乙《ぶいつ》の時代であり、再び外敵との戦争が増加した。それに対し、新たに王位に即いた文武丁《ぶんぶてい》は、大規模な祭祀である「周祭《しゅうさい》」を恒常化した。周祭とは、建国者の大乙《たいいつ》（湯王《とうおう》）など全ての先王を即位順に祭るもので、ほぼ一年をかけて五種類の祭祀をおこなう。これを恒常化したことで、一通りの祭祀が終わると、すぐ次の一年の祭祀が始まるようになっており、王の権威や経済力を恒常的に誇示したのである。

また狩猟の日程を増やし、さらに狩猟の形態をとらない純粋な軍事訓練も始めた。これによって軍事力のさらなる増強に成功したようであり、文武丁は外敵との戦争に勝利した。そして、遠く東方にあった「人方」という外敵への遠征にも成功している。

こうして、支配体制が再び強固になり、首都の墓地やそこから発見される青銅器・族徽もより増加した。また、文武丁の統治時代に初めて長銘の金文が出現しており、青銅器の作器者が王との関係を記すようになる。これも王権の増大を反映したものと考えられる。

こうした、より強い支配体制を継承したのが最後の王である帝辛であり、文献資料では「紂王《ちゅうおう》」と呼ばれている。帝辛は、文武丁と同じく周祭を恒常的におこない、また軍事訓練も怠ることがなかった。帝辛代の長銘金文も多く発見されており、文武丁代に引き続き大きな権力を持っていたことが分かる。

帝辛（紂王）は、文献資料に記された「酒池肉林」などで有名であるが、そうした説話は後代に作られたものであって、実在の帝辛は軍事・祭祀に日夜努めていたのである。

しかし、帝辛の即位七年目に、首都の近郊で大規模な反乱が発生した。反乱そのものは翌年までに鎮圧されたが、離反する勢力が相次ぎ、殷王朝は急速に衰退した。

なぜ首都の近郊で反乱が発生したのかは、王朝側の資料である甲骨文字には理由が記されていない。一般的に考えれば、王権の強化は領主層の権力剝奪につながることが多く、それが反発を招いたのかもしれない。また、頻繁な祭祀や狩猟の実施により、家畜の上納や狩猟地の荒廃という形で負担をかけていた可能性もある。

いずれにせよ、殷から多くの勢力が離反し、渭水流域にあった地方領主の周がそれを吸収することで軍事力が逆転し、やがて周が殷王朝を滅ぼして新たな王朝を樹立した。これが周王朝（西周王朝）である。

第四章　文字として残らなかった族徽

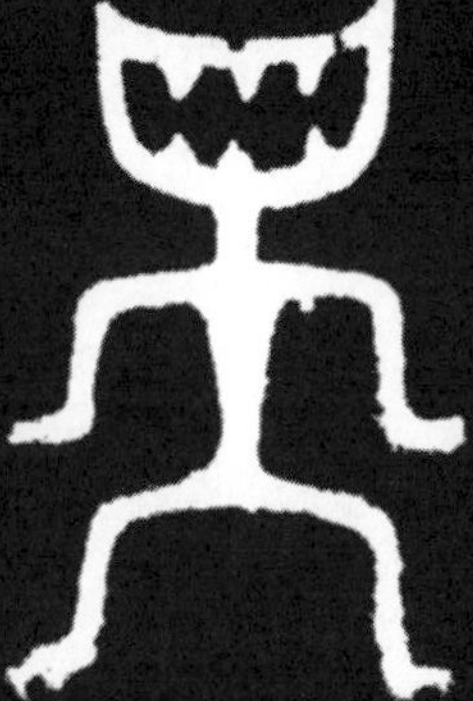

亡失字について

族徽は文字（漢字）の一種であるが、後代に残らなかったものもある。ここまでに挙げた例で言えば、冠の形（四七頁参照）は単独では後代に残っておらず、文字の一部として使われたものも「立」など別の形になっている。

こうした失われた文字を、本書は「亡失字《ぼうしつじ》」と呼称する。第四章では、結果として亡失字になった族徽を紹介する。

なお、族徽には比較的亡失字が多い。その最も大きな理由は、領主層が作ったものであるという点にある。後述するように、神話を表現したような特殊な文字（族徽）は、その神話が失われると文字として残らないことになる。また、地方で作られた文字（族徽）は、王朝側が定義する正規の文字表現をとっていないことがあるので、これも亡失の原因になる。

漢字は人間社会における道具の一種である。使い道がなくなった文字、あるいは使いにくい文字は放棄されていくことになる。現在も使われている漢字は、そうした淘汰《とうた》を生き残った文字なのである。

二種類の亡失字

亡失字には、大きく分けて二つのパターンがある。一つは、いったん失われた後に、別の形で復活するものであり、こうした例は普遍的な語彙である場合に多い。

例えば先に挙げた「冠」についても、族徽の形は西周代以降に使われなくなったが、東周代に「冃《ぼう》」と「元」を合わせた形で再度作られた。「冃」は被り物の一般形であり、「元」は頭部を強調した人の姿である。これが秦代の篆書で「冃」が略体としての「冖」になり、また冠を持つ手の形の「寸」が加えられ、「冖・元・寸」の三者を合わせて楷書の「冠」になった。

ただし、こうした「復活した亡失字」はどちらかと言えば少数であり、いったん失われた文字はそのまま消滅してしまうことが多い。「完全な亡失字」になりやすいのは、固有名詞の場合である。例えば個人の名として独自に作られた文字は、その人物の死後に使われなくなることが多い。また地名についても、殷王朝が滅亡した後に西周王朝が新たに命名した場合には、元の地名が使われなくなり、完全な亡失字になったケースが多い。

族徽の場合も同様に、その族の神話の表示のように普遍性がない語彙の場合には、のちに失われて復活しないことが多い。本章で取り上げる族徽についても、多くが完全な亡失字である。

二種類の亡失字は、別の言い方をすると、字形は失われたが言葉としては失われなかったものが「復活した亡失字」であり、言葉としても失われたものが「完全な亡失字」である。

なお前者とは逆に、文字（字形）として残っても意味や発音が変わってしまうことがあり、字形・字義（文字の意味）・字音（発音）の三者は、漢字の歴史において固定的ではない。本書がここまでに挙げた例で言えば、「爵」（一一六頁参照）は、本来は酒器の一種を表していたが、のちに「爵位」の意味に転用され、本来の意味ではほとんど使われなくなった。

図 4-1　「輪族」の例

亡失字の族徽の例「輪族」

　ここからは、亡失字になった族徽を具体的に取り上げる。

図4－1の族徽は、いずれも馬車（九六頁参照）の車輪を表しており、車軸を通す穴や車《しゃ》

輻《ふく》（スポーク）が描かれている。族徽ごとに車輻の数は違うが、いずれも車輪の表現であり、同一族の族徽と考えて問題ないだろう。

写実的に車輪を表す方法は、甲骨文字や金文には見られないので、この族のオリジナルの表現方法だったと思われる。その後、族徽文化の消滅とともに「⊛」などは字形として使われなくなった。

ただし、車輪は広く使われたため、それを表す言葉は残った、そして東周代に、車輪を表す文字として「車」を部首にした「輪（輪）」があらためて作られた。そこで、「⊛」などで表される族を仮に「輪族」と呼ぶ。

ちなみに「侖」は、「輪」における発音符号であるが、竹簡の束を丸めた様子を表しており、「まるい」という点において「輪」と意味上の関係がある。このように、意味と発音の両方に関係する部分は「亦声《えきせい》」と呼ばれる。

輪族については、前述のように甲骨文字や金文に存在自体が記されていないので、どのような族だったのかは明らかではない（別の文字表記がされている可能性はあるが現状では確

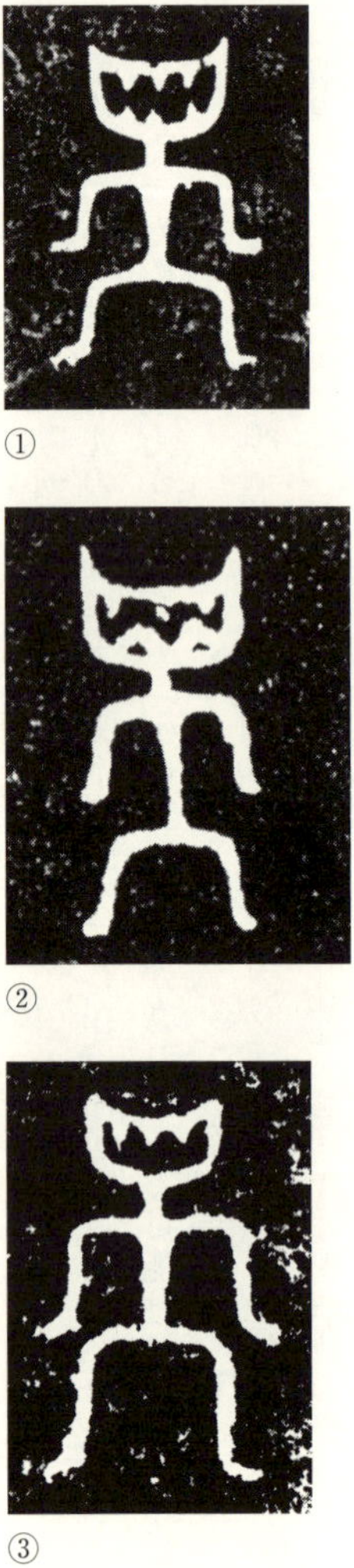

図 4-2 「歯大族」の例

実な例は見つかっていない)。

ただ、敢えて馬車の車輪を族徽に使ったのであるから、工業に関係する族か、あるいは馬車を操る技術を持つ族だったという推定は可能であろう。

亡失字の族徽の例「歯大族」

「輪」は復活した亡失字であったが、次は完全な亡失字の例である。なお、完全な亡失字は該当する文字がないので、族徽の各部分をそのまま楷書にすることで表記する。また、完全な亡失字については字形の歴史を図示しない。

図4-2の族徽は、いずれも下部が人体の正面形の「大」であり、上部は口を大きく開け

て歯を見せた状態である。口を大きく開けて歯が見える状態は、厳密に言えば「歯」の旧字体の「齒」のうち「𠚕」の部分なのであるが、便宜上、この族を「歯大族」と呼称する。
歯大族についても、甲骨文字や金文に記載がないので、どのような族だったのかは明らかではない。そもそも、族徽自体が何を表しているのかも諸説あって明らかではないのが現状である。

一説には、怪物のような存在、あるいはそれに扮した様子とされる。もしそうであれば、何らかの神話を表現した可能性が高い。また一説には、口を大きく開ける儀礼の様子とされる。もしそうであれば、祭礼に関わる族だったことになる。しかし、現状ではいずれとも判断しがたく、また別の可能性も否定できない。

ちなみに「歯」は、甲骨文字では開けた口（凵）の中に歯が見える様子の「𠚕」や「𠚕」で表現されていた。その後、東周代に上部に発音符号としての「止」が加えられ、楷書の旧字体の「齒」になった。新字体の「歯」は齒の内部を「米」に変えた略体である。

亡失字の族徽の例「丙‘族」

前項の「歯大」は、亡失字であるものの、各部分が何を表しているのかは判明した。しかし、それすら不可能な族徽もある。

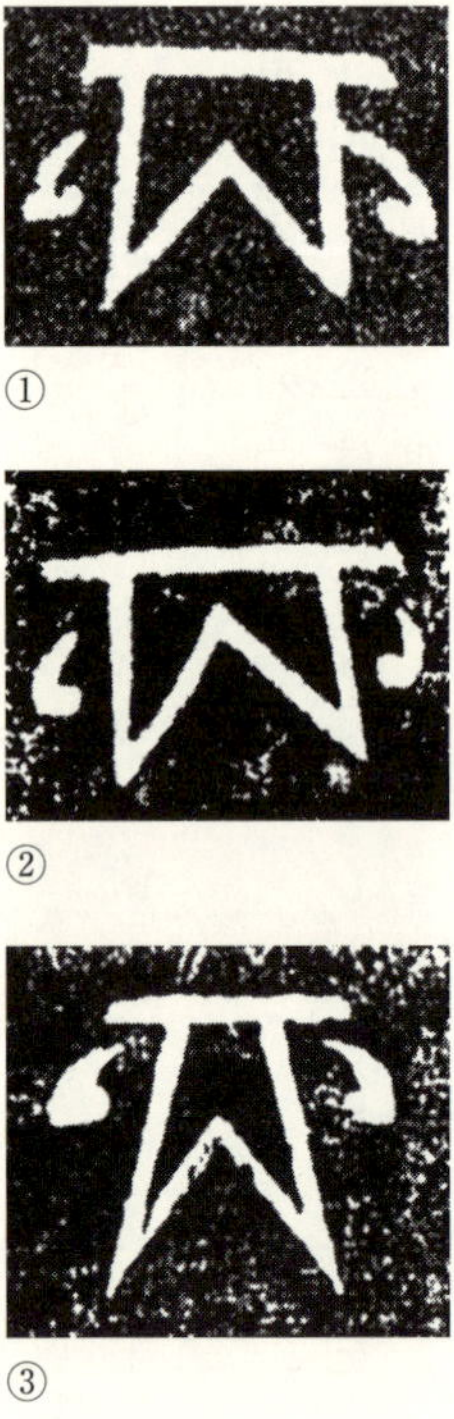

図4-3 「丙‘族」の例

図4-3の族徽は、いずれも丙《へい》（〓）の形を使っているが、「丙」は甲骨文字などでは「下部に突起があるものの一般形」として使われるので、この族徽でどの意味で使用されたのかが分からない。

「丙」の用法のひとつとして「足のある器物」があり、その上に物体を乗せた様子を表した「〓」や「〓」が甲骨文字に見られる（「尚」の古い形か）。また、「鳥の足の形」としても使われていて、足の指を「突起物」と見たものであろう。「鳥（〓）」の族徽（六二頁参照）には、異体字として図4-4の①の表現が見られる（下部は祖先名の「父乙」）。

そのほか、「丙」は武器の石突《いしづ》き（柄の末端部分）として使われたり、建物の入り口部分の表現とされることもある（図4-4の①も「鳥が建物にとまっている様子」かもしれない）。

そのため、この族徽における「丙（冈）」の部分が指すものが何かが分からないのである。

さらに、「丙」の両側にある「‘」（クォーテーションマーク）のような形は、甲骨文字や金文で使われない表現方法である。そのため、何を表したのかについて、現状では仮説を提示することすら難しい。

仮にこの族徽を「丙‘（へいクォーテーション）族」と呼ぶことにするが、前述のように甲骨文字や金文には見られず、族徽の形からどのような族だったのかを推定することもできない。ただし、青銅器の件数が非常に多く、大規模な族だったと考えられる。それが甲骨文字に見られないのは不自然であるが、おそらく族の呼称と族徽が一致していなかっただけであろう。

殷代には、「族徽＝族名＝地名」であることが多いのだが、三者は必ずしも一致しない。

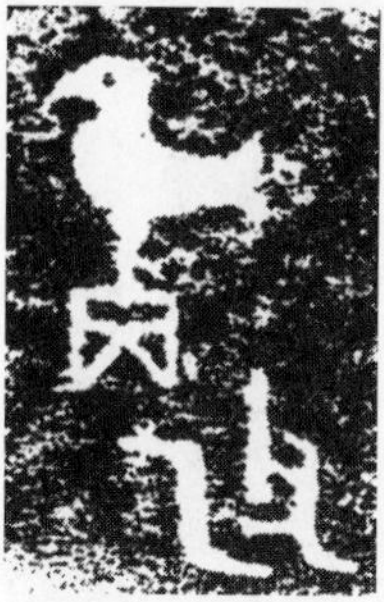
①

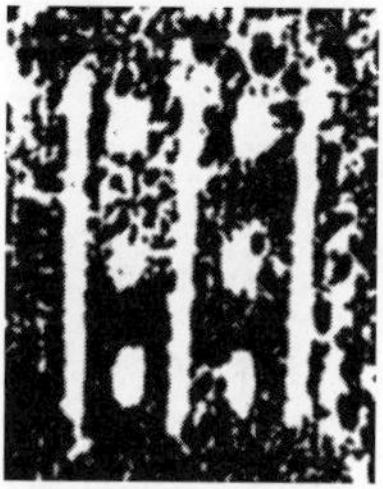
②

③

図 4-4　族徽の例

族徽と族名、あるいは族徽と地名に相違があり、甲骨文字では族徽でない方で呼称されたと思われる。なお、甲骨文字や金文には、地名・族名として「丙」が見られるので、それと同一族とする説もある。もしそうであれば、「丙‘」が繁体、「丙」が略体ということになる（その場合でも「丙‘」が何を表したのかは謎のままである）。丙‘族のように何を表したのかが分からない例はほかにもあり、図4-4の②に、その例を挙げた。三本の縦線に六つの小点があるが、甲骨文字や金文に使用例がなく、何の表現か明らかではない。解釈には諸説があり、川の流れにも見え、また何かの模様にも見えるが、現状では確実な分析は不可能である。

同様に、図4-4の③についても、あまりにも簡略化されているため、何を表現した族徽か判然としない。何かの台のようにも見えるし、柄に付けられた刃物（下が刃先）のようにも見える。

このように、亡失字の族徽には、そもそも何を表現したものかすら分からないものが存在する。ただし、以下の族徽については、「答え不明」では設問にならないので、何を表しているかが明らかになっているもの、あるいは一定の確実さで推定できるものを挙げた。第三章までと同様に合計八問を出題する。

第25問

これらの族徽は何を表したものか？

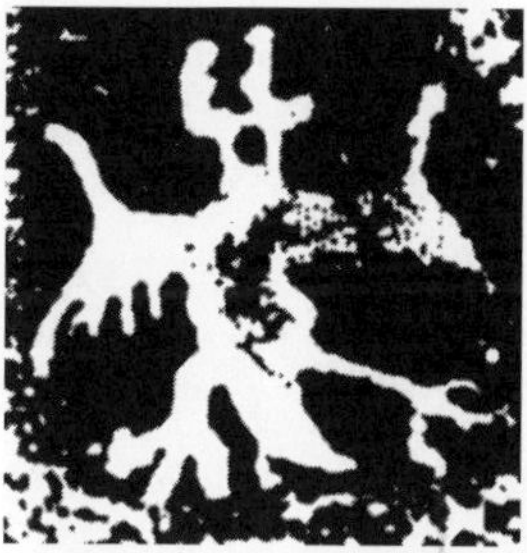

③

①

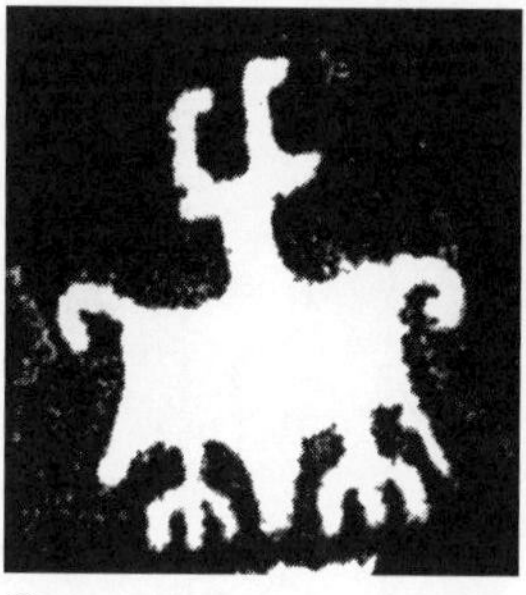

④

②

第25問の答え

蝙蝠（蝠）

鳥のようにも見えるが、いずれも翼の先に爪が表現されており、また頭部の口も鳥（六一頁参照）よりも犬（五三頁参照）に近い。したがって、鳥ではなく蝙蝠《こうもり》の姿を表現したものと考えられている。

蝙蝠は哺乳類であり、鳥とは違って手指の膜が発達して翼状になったものであるため、外側に爪が出ていることが特徴である。また蝙蝠は口に歯が生えており、族徽のうち③はその特徴をよく捉えている。なお、④は目が省略された略体である。

蝙蝠の姿を表した文字は、甲骨文字でも使用されており、簡略化した「」や、さらに足を省略した「」で表示されていた。その後、いずれも使われなくなったが、後に虫を部首として「蝙《へん》」や「蝠《ふく》」が作られた。現在では合わせて「蝙蝠《へんぷく》」（訓読みで「こうもり」）と呼ばれることが多い。

便宜上、この族を「蝠族」と呼称する。蝠族については、甲骨文字には具体的な記述がなく、なぜ族徽に蝙蝠を選択したのかは不明である。その地方に独自の文化あるいは神話があり、蝙蝠を神聖視したのかもしれない。

解説

族徽として蝙蝠が選択された理由は、前述のように明らかではない。第一章で取り上げた「萬」（サソリの形。七四頁参照）もそうであるが、当時は動物に対する多様な文化や信仰が存在したのであろう。

しかし、戦国時代から漢代にかけて思想的な統一が進むと、そうした原始的な文化や信仰はほとんどが失われた。ごく僅かな情報が一部の文献資料に残るだけである。

日本についても、古代の律令国家が成立した後に、原始的な文化や信仰の大部分が失われた。一部は『日本書紀』や『風土記《ふどき》』などに残っているが、現状では全体像を復元することは困難である。ただし、さまざまな方法で研究は続けられており、将来的には詳細な復元がなされるかもしれない。

蝙蝠の文字表記は、前述のように族徽や甲骨文字では具象的に描かれていたが、その後に

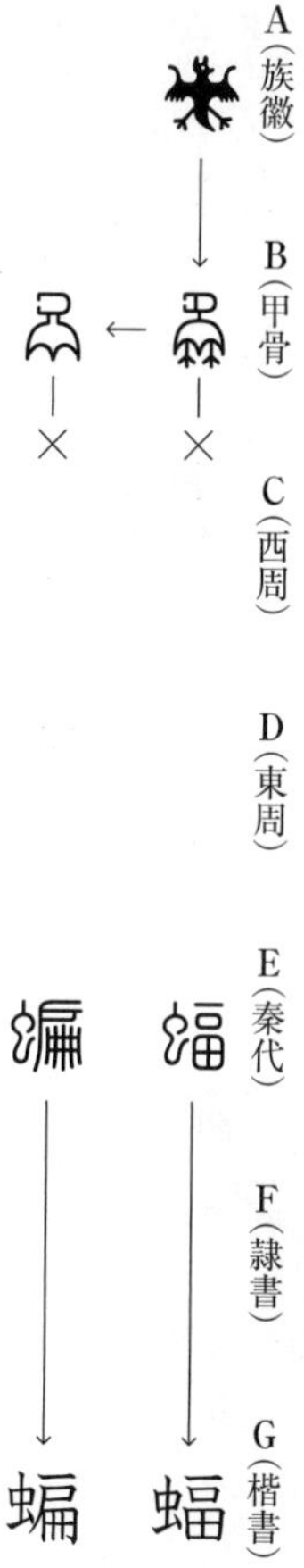

失われた。そして秦代に「畐《ふく》」を発音符号とする「蝠《ふく》」、および「扁《へん》」を発音符号とする「蝙《へん》」が作られた。いずれも蝙蝠が飛ぶ様子を表したオノマトペと推定されており、日本語での「ひらひら」や「ぱたぱた」のようなものである。

なお、「蝠」は発音が「福」と同じであることから、中国では縁起がよい生物とされている。本頁の図は現代のお守りであり、五匹の蝙蝠によって「五福（長寿・財産・無病など五つの幸福）」の家門招来を願ったものである。もっとも、実在の蝙蝠は寄生する細菌やウイルスが多いので、病気を招来する可能性が高く、近寄らない方がよい。

殷代の甲骨文字では、「」は祭祀名として使われており、あるいは当初から同じく祭祀名である「福（甲骨文字では「」などの形）」と通用していたかもしれない。ただし、「」が「福」とは別の祭祀を指していた可能性もあり、族徽の「」や甲骨文字の「」の発音は確実には判断できない。

第26問

これらの族徽は何の様子を表したものか？

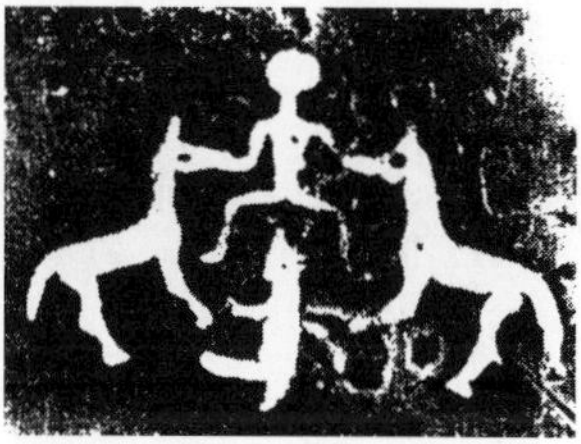

①

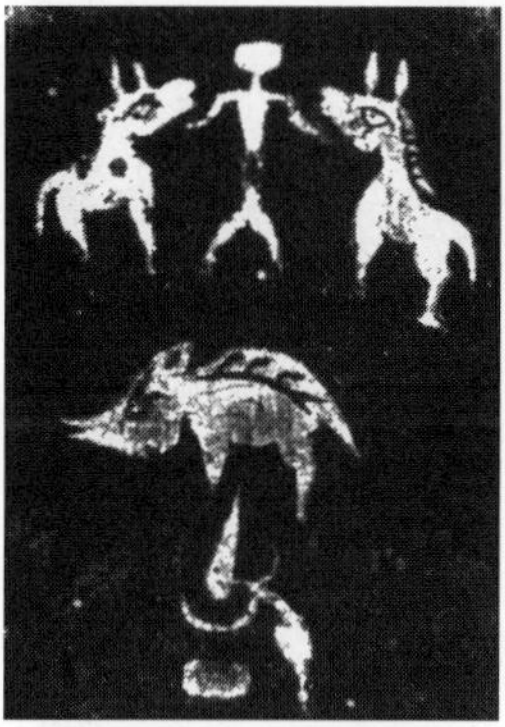

③

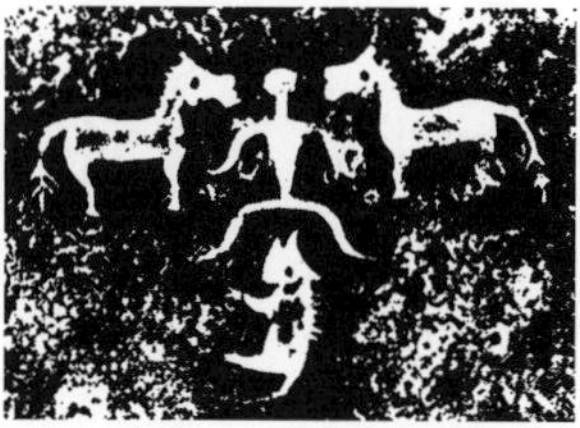

②

④

※③の下部は父祖名の「父丁」。④は略体。

第26問の答え

家畜を連れた人の様子（大馬豕）

族徽のうち①～③は、人が二頭の馬と一頭の豚を連れた様子を表している。人の正面形（）は「大」であり、豚を表す文字（）は、漢字の「豕」にあたるので、この族を仮に「大馬豕族」と呼称する。

表現方法には少しずつ違いがあり、①と比べて②は人の手が馬につながっていない。③は豚の向きが異なっており、また体毛が長い表現になっている。あるいは家畜化する前の猪の表現かもしれない。現在でも豚と猪は混血が可能であり、種として明確に分化していない。

そして④については、二頭の馬が省略されており、豚だけが残っている。この表記方法は甲骨文字でも同じであり、大（）と豕（）から成る「」の形で族名が表されている。

大馬豕族については、甲骨文字では王から命令を受ける存在とされているが、詳細な記述がない。族徽の構造から見て、家畜の飼育を担当していた族と思われるが、独立した経営だったのか、王の家産として家畜を飼育していたのかは不明である。

解説

豚は早くから食用家畜として飼育されており、新石器時代の初期の遺跡からも、その骨が発見されている。ちなみに、文字としての「豚」も甲骨文字から使われていて、当時から「豕（）」と「肉（）」から成る「」の形であった。諸説あるが、「肉の多い豚」が起源と思われる。楷書では「肉」が「月（にくづき）」の形になっている。

一方、馬の飼育が始まったのは比較的新しく、新石器時代の末期になってからである。豚などよりも遅く、紀元前二千五百年ごろに西方から導入されたと推定されている。

雑食性の豚は、飼育が比較的容易である。それに対して、馬は草食性で飼料が限定されるうえ、当時の最先端の兵器である戦車に使用（九六頁参照）されていたため、その訓練も必要である。そうであるから、馬の方が重要かと思いきや、族徽の④や甲骨文字の「」では馬の方が省略されている。

その理由は不明であり、大馬豕族にとって豚の方が重要だったのか、それとも王朝への納入頭数として馬よりも豚の方が多かったのかは分からない。あるいは単なるデザイン的な理由で、横幅が広がるのを避けただけかもしれない。

なお、「馬」と「豕」は、単独で別の族徽として使用されている。次頁の図は「馬族」の族徽の例であり、鬣《たてがみ》や毛のある尻尾が写実的に表現されている。そのほかにも第一章で取り上げた牛（三六頁参照）や羊（五七頁参照）など、家畜を元にした族徽は多い。それだけ殷代には家畜が重要視されていた。

当時は、豚や牛などの家畜は単なる食料としてではなく、祭祀の犠牲などにすることで宗教的権威を獲得し、また経済力を誇示する目的があった。また、馬は戦車に使うことで軍事力になった。家畜の飼育は、政治的な意義も強かったのである。

「大馬豕」の族徽自体は、固有名詞だったこともあり、後の時代には文字として使われなくなった。しかし、牧畜が重要な産業であることは同様であり、春秋時代にも儀礼で牛や豚が使われた。例えば「牛耳を執《と》る」は、春秋時代における盟約の儀礼が語源とされる。

また、戦車（馬車）を戦争で使用することも続いており、春秋時代にも領主層・貴族層が戦車に乗って戦った。戦国時代になると、歩兵戦の発達により戦車は軍隊の主力ではなくなったが、引き続き指揮官の乗車するものとして使用された。戦国時代末期には徴兵制が効率化され、一人の指揮官が数十人の歩兵を率い、その上に大部隊長、さらには将軍が存在した。一国の軍勢は全体で十万から数十万人、戦車も数千台になった。王の軍勢が三千人から五千人であった殷代（一六三頁参照）からすれば大きな変化である。

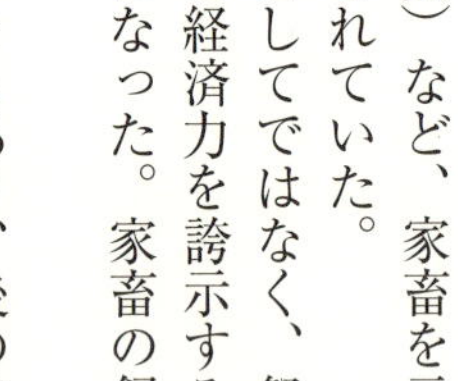

第27問

これらの族徽は何の様子を表したものか？

③

①

④

②

※ふたつの「冊」は牧場の柵を表している。④は略体に装飾符号が加えられている。

牧場の家畜を見張る様子（目豕柵）

上部にある「」は、両目の形であり、円形の部分が瞳である。族徽の①は瞳孔も表示している。ちなみに、片目の形（甲骨文字では「」）が楷書の「目」の元になっている。

下部にある二つの「」は、牧場の柵を表しており、中央にあるのは豚の姿とする説が有力である。前項の「大馬豕族」とは違って豚の足の指（あるいは爪）が表現されているが、豚も短いとはいえ足に指や爪があるので、本書も豚（豕）の姿と見なし、この族を「目豕柵族」と呼称する。

この族徽も後に文字として使われなくなったので、確実な証明は難しいが、字形通りに解釈すれば、「目で牧場の豚を見張る様子」と考えられる。

族徽の形状について、③は豚（豕）が柵より上に置かれているが、構造に大きな相違はない。④については、柵の形を省き、周囲にデザイン的な装飾符号を加えているが、それ以外の部分は同様の形であり、同一族徽の別表現と考えてよいだろう。

解説

家畜は、同一種だけを飼育すると伝染病による被害が大きいので、古代においてはリスク分散のために多種が並行して飼育されることが多かった。ただし、豚は雑食性で多産であるため、最も生産性が高く、早くから食肉用の家畜として中心的な位置を占めていた。

目豕柵族については、甲骨文字に記載がないが、族徽の構造から見て牧場で大規模な豚の飼育をしていた族と推定される。

目豕柵族に限らず、古代中国の族徽には動物が多く、植物は少ない。前項でも述べたように、支配階層は家畜を重視しており、それが主な理由だったと推定される。

一方、日本では早くから仏教の影響もあり、大規模な畜産がおこなわれなかったため、家紋には動物が少なく、植物が多い。ただし、日本の家紋は、それだけが理由とは思われないほどに植物に対する鋭い美的感覚が表れており、皇室の菊、藤原氏の藤、徳川氏の葵など、いずれもデザインとして優れている。

日本は、文字としては中国から漢字を輸入して使い、表音文字の仮名も漢字から作り出した。そのほかにも多くの制度や技術を取り入れたが、文化的に同化したわけではなく、こうした感覚の相違が往々にして見られるのである。

なお、柵の形（甲骨文字でも「𠕁」の形）と文書を記録する「冊」（一一三頁参照）の形

（同「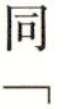」）は、甲骨文字では使い分けられていたが、類似形であるため、西周代以降に混用されるようになり、西周代には柵の形（）が多く使われた。西周代の族徽については、文官を象徴する「冊」の意味（第二章末尾のコラムを参照）で付加記号の「」が使われることもある。

その後、東周代から秦代にかけて字形が「冊」の系統に統一された（篆書は「」）。ただし、秦代には「柵」の意味として、「冊」に部首として「木」を加えた「柵（）」が作られており、混乱が避けられた。

ちなみに、冊の形（）と柵の形（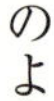）のように、字形が類似するために混用された例はほかにもあり、「月（つき）」と「月（にくづき）」が有名である。甲骨文字では前者が半月の形の「」、後者が切り分けた肉の形の「」であり、ある程度の見分けがついたが、篆書ではそれぞれ「」と「」になっており、見分けにくくなった。

その後、隷書で後者を複雑化した「」が作られ、楷書の「肉」になったが、偏として使われる場合には篆書の「」を継承した「月（にくづき）」が使われ、ほぼ同一の形が混用されている（旧字体では前者を「月」として区別する場合もある）。

そのほか、本書で挙げた例で言えば、「冠の形」が楷書では「立」に同化したり（五二頁参照）、また「矢の入れ物の形」が「用」に同化したりしている（一〇六頁参照）。

第28問

これらの族徽は何の様子を表したものか？

③

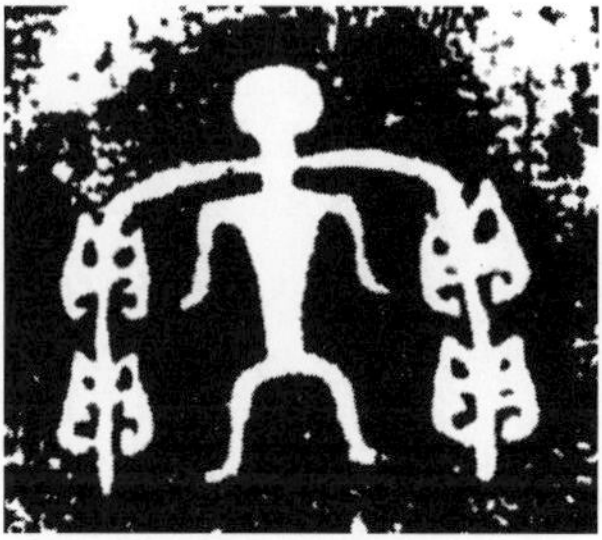

①

④

②

※②は写真。③の下部は父祖名の「父乙」。④は人が座った形を使用。

第28問の答え

貝の束を担いだ人の様子（大朋）

人の正面形である大（）が貝（）の束を担いでいる様子である。宝貝（子安貝の貝殻）の束は、楷書で「朋《ほう》」という文字にあたるので、この族を「大朋族」と呼称する。④は人が座った形の「卩（）」を使っているが、同一族徽であろう。「貯」の項（一二〇頁）でも述べたように、殷代には、宝貝が貴重品として流通していた。これらの族徽は、文字としては後代に残っていないが、貴重品の輸送を担当した族と推定される。なお、九一頁で紹介した「舟に乗って宝貝を運ぶ様子」を表した族徽と構造が近く、これも同一族と見る説もある。

宝貝は、紐を通して束にした状態で輸送され、これが「貝朋《ばいほう》」と呼ばれる。また王からの賜与の際にも束の単位で数えられ、金文には「五朋」や「二十朋」などの記述が見られる。

ちなみに、「朋」の字形は、甲骨文字では貝（）の部分が簡略化されて「」で表示されている。その後、貝の束の部分が変形して「月」のような形になり、楷書の「朋」になった。ただし「月（）」は半月の形が元になっており、成り立ちとしては別である。

解説

子安貝の貝殻は珍しい形状をしており、それを貴重品とすることは、古代中国に限らず、中央アジアや西アジアなどでも見られた文化である〔上田二〇一六〕。さらに雲南地方では近世まで、ニューギニア島では第二次世界大戦後まで貨幣として流通した。

殷代には、王が宝貝を威信財として賜与することで権威を構築していた。さらに、賜与された人物もその下位の人物に分与することで小さな権威を獲得しており、いわば「宝貝による支配体制」が成立したのである。

ただし、西周代になると賜与物が宝貝に限定されなくなり、さらに西周代中期以降には宝貝の輸入・賜与が激減した（この点は終章で述べる）。「大朋」の形についても、族徽として使われなくなると、文字としても消滅した。ただし、貝が「貴重品の代表」という認識は早くに定着したため、貴重品や商売に関係する文字に「貝」が部首として使用された。

甲骨文字の段階から使われていた文字として、得（）や宝（）がある。前者は、貝（）を手（）で取る様子を表しており、「獲得」を表した文字である（後に字形が変化した）。後者は、家屋（）に貝（）や玉（）といった宝物を収納した様子であり、旧字体の「寶」には「貝」を使った状態が残っている。

ところで、所持することで権力を表示できた物品、すなわち「威信財」は、古代中国では宝貝のほかにも青銅器や玉器などがこれに該当する。威信財は、権力を背景に権威を構築するために有効なものであった。

これらの物品は、それを獲得するために大きな権力（軍事力・経済力・人々の動員など）を必要としたのであり、そのため威信財として機能した。そうであるならば、威信財の本質は「所持」ではなく、「獲得」にこそあったと考えるべきではないだろうか。

そのように考えると、青銅器や玉器などが墓に納められていることの説明がつく。権力を背景に威信財を獲得することで、権力の存在そのものを証明することができ、また権威を構築できる。しかし、威信財の獲得が周知され、権力の証明や権威の構築に寄与したならば、もはやその威信財の価値は減少する。貝朋のように分割して（紐から個々の貝をはずして）、より下位の人々に分け与えられる場合はともかく、青銅器や玉器は分割できないので、分与も難しい（器物を丸ごと与えたと思われる例もあるが）。

そうであれば、作成者の死後、後嗣の人物が墓に納める儀式をすることで、権力の継承を示すことが、威信財の最後の「使い道」だったのであろう。こうして、青銅器や玉器が作成者の墓に埋められたのである。青銅器に記された祖先名が遠い祖先ではなく、墓主自身の父祖名であることが、これを証明している。

第29問

これらの族徽は何の様子を表したものか？

③

①

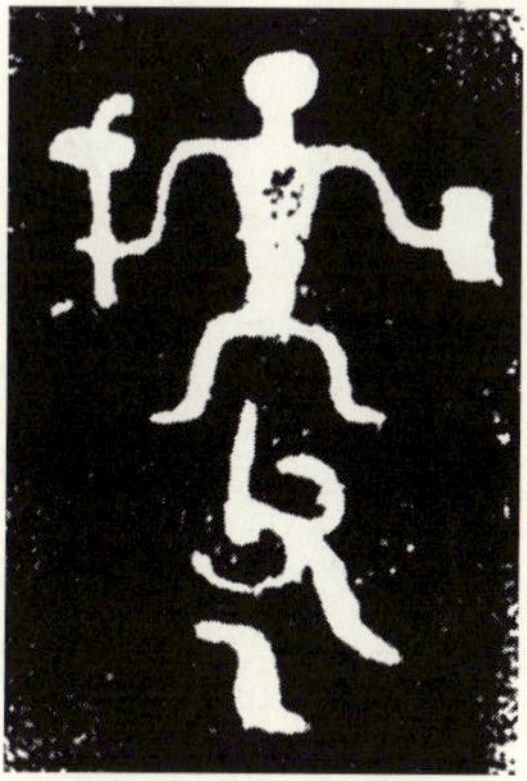

④

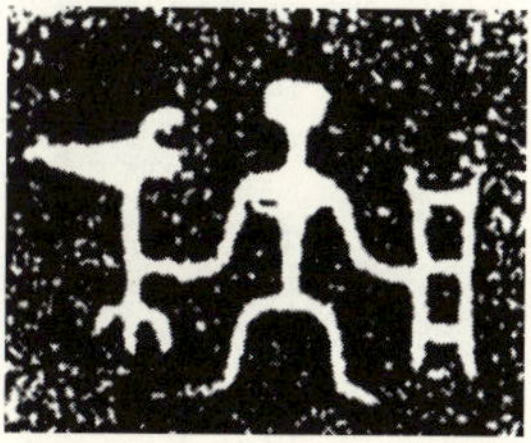

②

※④の下部は父祖名の「父乙」。

第29問の答え

武器と楯を持った人の様子（大戈毌）

いずれも人の正面形の大（）を使用しており、右手に武器の戈《か》（）を持ち、左手に楯である毌《かん》（）を持った形である。したがって、この族を「大戈毌族」と呼称する。楯の形は表現が多様であるが、これは甲骨文字でも同様で定まっておらず、「」のほか「」や「」などの形が使われていた。文字によっては、形が定まるまでに長い時間がかかるものも見られる。

大戈毌族については、族徽の形の通りに解釈すれば、軍事によって王に奉仕した族と考えられる。甲骨文字では同一構造の「」が動詞として使われており、詳細な意味は不明であるが、やはり軍事に関係するものと思われる。

ただし、いずれも甲骨文字以後には文字としては残っていない。後述するように、甲骨文字には軍事用語が多いので、必要外の文字は整理されてしまったのかもしれない。

ちなみに、戈と毌から成る文字は別に存在し、それが「戎《じゅう》」である。楯の形の「毌」が楷書では「十」のような形に簡略化されている。本来は軍事行動を表す文字であった（訓は「いくさ」）が、のちに異民族の呼称（訓は「えびす」）として転用された。

解説

武器や軍事に関係する族徽は目立って多い。やはり王朝への奉仕としては、軍事が最も分かりやすかったのであろう。本書で取り上げた族徽でも、「大戈田」以外にも、「奚」（一三九頁参照）や「何」（一四六頁参照）、あるいは「旅」（一六二頁参照）など、軍事行動を表現あるいは象徴したものが多い。

本頁の図に挙げたものも軍事を表現した族徽であり、大戈田族とは違って戈だけを持った様子を表している。この「大戈族」については、大戈田族と同じ族とする説もあるが、甲骨文字では「大戈田（）」と「大戈（）」が使い分けられており、後者は初期に王の有力な臣下として領主の名が見えている。

そのほかにも、甲骨文字には軍事攻撃に関係する文字が多く見られる。例えば敵を攻撃する意味の文字は「伐」であり、甲骨文字では人（）の首を武器の戈（）で斬る様子の「」で表されていた。楷書も「人（イ）」と「戈」で「伐」の形になっている。

また、逃げる敵を追撃する場合には、「追（）」が使われた。自（）は軍隊を象徴する文字であり、後に作られた「師」と同じ意味である。それを足の形の「止（）」で追う様子を表したのが「」

である。後に「止」に同じく進行を象徴する「彳」を加えて「辵（〓）」の部分になり、あわせて楷書の「追」になっている。
攻めてくる敵を迎撃する場合には「屰《げき》（〓）」あるいは「逆（〓）」と呼称された。「〓」は人の正面形の大（〓）の上下逆向きであり、「逆向きに進むこと」を表している。そこから人を迎える意味になり、さらに「迎え撃つ」の意味になった。「逆」は「屰」に辵（〓）を加えた異体字を起源としている。

敵の都市を攻撃する意味の文字は「正（〓）」である。中国では新石器時代末期から都市の周囲を四角形の城壁で囲うようになっており、「〓」の上部の四角形はそれを表している。そして下部の足（〓）が都市に向いていることで、抽象的に都市への攻撃を表現した。甲骨文字には、異体字として「彳（〓）」を加えた「〓」があり、これが「征」にあたる。

戦勝を表す文字は「〓」である。これは、武器の戈（〓）と取った敵の首の形を合わせた文字であり、首の部分はやや抽象的に髪の毛だけが表示されている（楷書には残っていないが、近似の表現として「〓」が使われる）。異体字に「〓」があり、族徽にも類似の表現が見られる（本頁の図を参照）。おそらくこの族も軍事によって王朝に奉仕したのであろう。

第30問

これらの族徽は何の様子を表したものか？

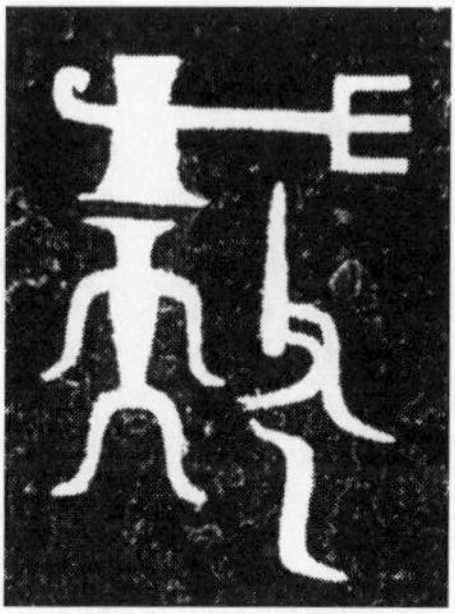

③

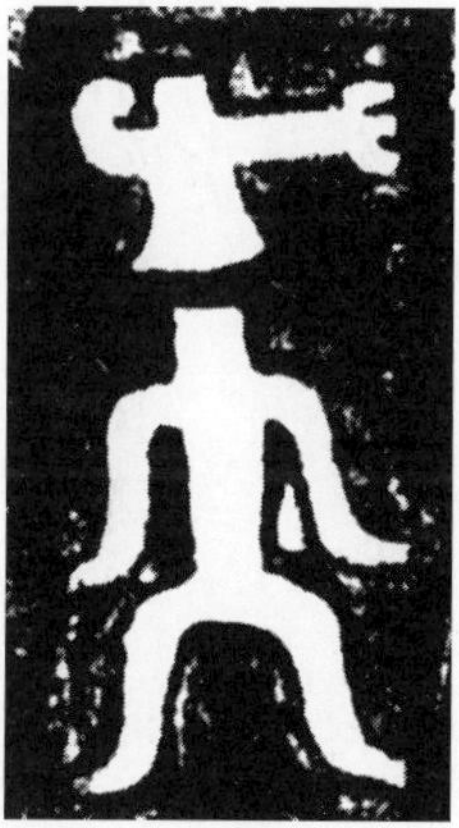

①

④

②

※③の右下は父祖名の「父乙」。

第30問の答え

鉞《まさかり》で人の首を斬り落とした様子（戌大）

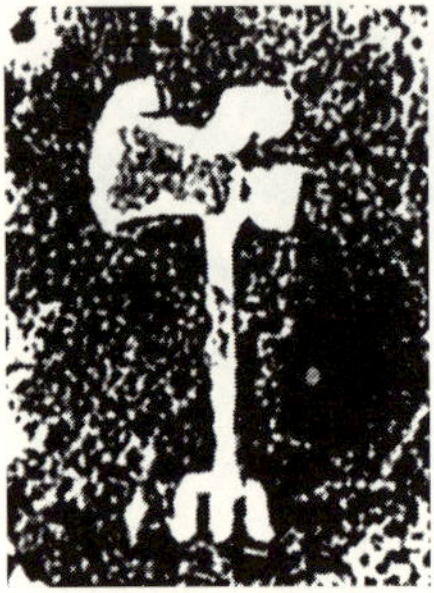

①～③については、上部は鉞の形であり、下部は人の首がない様子である。両者を合わせて、「鉞で人の首を斬り落とした様子」を表している。④は鉞を持つ人の姿も表現されており、斬首であることを明確にしている。

鉞の形は、漢字の「戌《じゅつ》」にあたるので、この族を「戌大族」と呼称する。なお、通常、族徽の人の正面形は、頭部を表示した「」であるが、この族徽では頭部の表示がなくなっており、首を斬り落とした状態であることを分かりやすく示している。ただし、「首を斬られた人の姿」は文字として単独では使われないため、便宜上、族名として「大」を使用した。

甲骨文字では、刃先が直線状の鉞が「戌（）」、刃先が丸くなった鉞が「戉《えつ》（）」として表示されている。族徽についても、②は刃先が丸いので、戌ではなく戉と思われるが、族徽の表現としては共通しており、同一族と考えてよいだろう。戉は、単独で別の族徽として使われており、本頁の図に挙げた。

解説

後代には、「戌」は十二支の十一番目として専用されたため、「まさかり」の意味としては、「戌」またはそれに部首の「金」を加えた「鉞」が使われた。

ほかにも鉞の形に由来する文字があり、例えば「成」は甲骨文字では「〓」で表示されていた。戌（〓）と都市の城壁を表す四角形で構成されており、都市の軍事平定を表す文字である。その後、「たいらげる」から転じて「なしとげる」の意味になった。異体字として、四角形を縦線に簡略化した「〓」があり、これが後代に継承された。楷書の旧字体も「戌」と「丨」で「成」の形であり、新字体の「成」はやや略された形である。

また、「王」も鉞の形が元になった文字であり、当初の甲骨文字では「戌（〓）」の刃の部分と柄の一部のみを表示した「〓」の形であった。縦横が変わっており、「〓」の下部が刃先である。本頁の図は殷代に作られた儀礼用の鉞の刃の部分であり、「〓」と形が近いことが分かるだろう。後に「〓」や「〓」の形になり、楷書の「王」に継承された。

当時は、鉞によって罪人や戦争捕虜を処刑していたため、それが王の裁判権や軍事権の象徴になり、「王」を意味す

る文字として使われた。「戌大族」についても、王の代行者として処刑を担当していたのかもしれない。

そして、殷代には人間が祭祀犠牲として首を斬られることもあった。斬首刑が裁判権や軍事権だけではなく、宗教的権威の構築にも関わっていたのである。

甲骨文字では人間の首を斬って神に捧げる祭祀を「伐」と呼んでいる。前項で述べたように、「伐（[illegible]）」は戦争において戈で人の首を斬る様子を表した文字であるが、慣用的に祭祀の呼称として流用されたものであろう。実際には、前述のように斬首には戌あるいは戉が使用された。

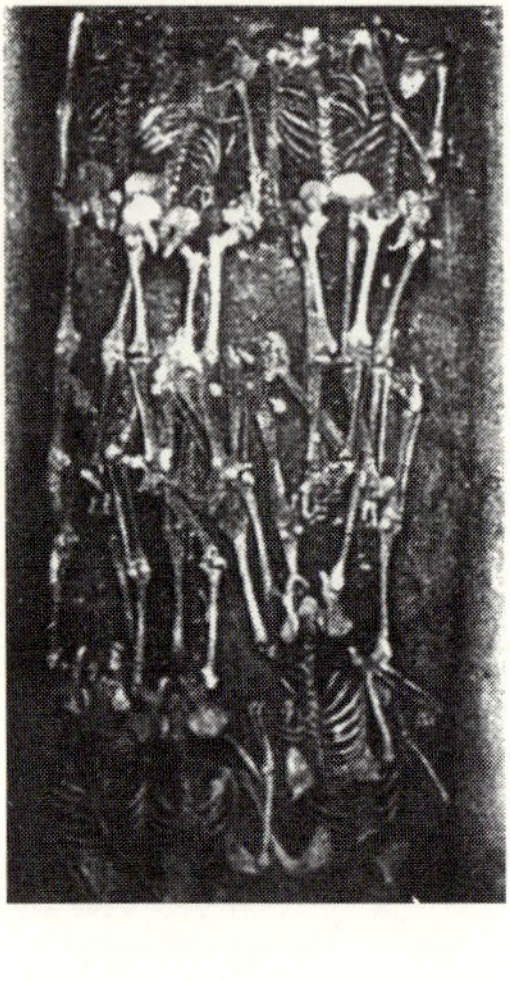

本頁の図は、殷代後期の都から発見されたものであり、「伐祭」に供されたと推定される遺体である。頭部は別のところでまとまって発見されている。こうした人牲《じんせい》（犠牲とされた人間）の遺体は、殷代後期の都だけですでに三千体以上が発見されており、捕虜や奴隷を犠牲にすることが当時の為政者にとって有効な政治活動であったことを示している。

第31問

これらの族徽は何の様子を表したものか？

③

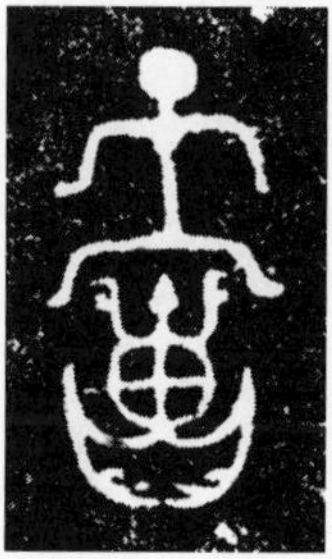

①

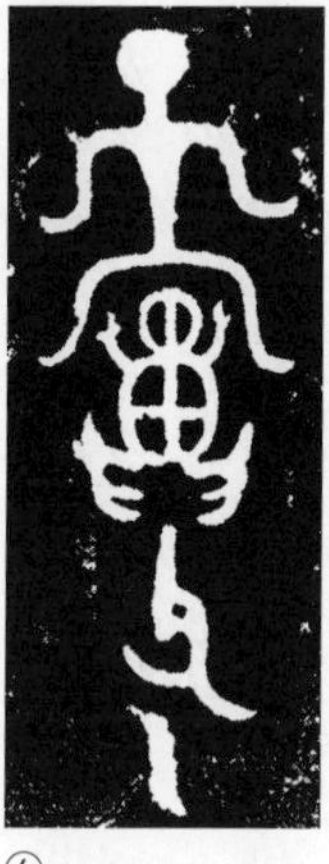

④

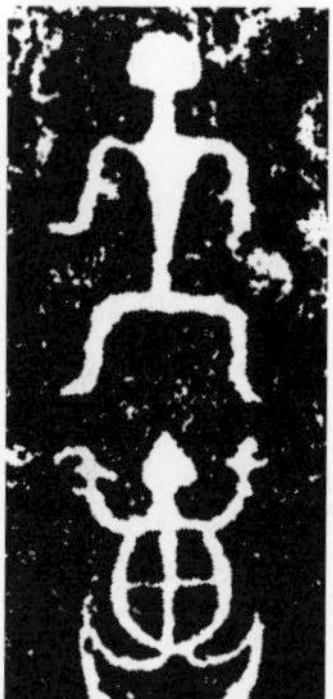

②

※④の下部は父祖名の「父乙」。

第31問の答え

海亀に乗った人の様子（大亀）

　上部について、西周代の金文の字形を元に「天」とする説もあるが、西周金文の「天（）」と族徽の「大（）」は別字である。下部については諸説あるが、「亀（）」（七〇頁参照）に字形が近く、足の表現だけが変化しているので、海亀と思われる。海亀の形は文字として残っていないので、仮にこの族を「大亀族」と呼称する。

　族徽が意味するものは、「海亀に乗った人の様子」と推定される。おそらく何らかの神話を表現したものであり、あるいは古代中国にも「浦島太郎」のような昔話があったのかもしれない。ただし、大亀族に関する記述は甲骨文字にも金文にもなく、詳細は不明である。

　なお下部については、後ろ足が特に強調されているので「蛙の姿」とする説もある。そのほか「黿《げん》（大型のスッポン）」とする説もある。しかし、この族については前述のように甲骨文字や金文に記載がなく、現状では何を表現したものかを確定することは難しい。

解説

大亀族に限らず、殷代に各地にあった神話はほとんどが後代に伝わらなかった。『山海《せんがい》経《きょう》』などごく僅かな文献に偶然に記録されたもの以外は、失われてしまったのである。ここでは残された神話から、いくつかを取り上げたい。

夒（）については一七五頁で取り上げたが、本来の猿神信仰が変質して伝えられた。同様の例として、甲骨文字には「王亥《おうがい》（）」という神名が見られ、異体字では「」として「亥（）」に鳥の形の隹《すい》（）を加えている。したがって、本来は鳥神だったと考えられるが、文献資料では「両手もて鳥を操《と》り、まさにその頭を食らわんとす」（『山海経』）となっており、やはり本来の信仰から変質している。

また、後代には「西王母《せいおうぼ》」という信仰があり、甲骨文字の神名の「西母《せいぼ》（）」と対応している。ただし、後代の西王母信仰では崑崙《こんろん》に住む仙人（あるいは半獣半人）とされたが、甲骨文字では「東母《とうぼ》（）」と対になっており、本来は方角神であったと思われる。

そして、図4-5の①と②の文章も似通っているが、解釈に相違がある。かつては、この両者の文意を同一とする説もあったが、『山海経』は「方角神と風神の呼称」と解釈しているのに対し、甲骨文字では全体として年（穀物の実り）を求める禘という祭祀において、各々の方角神に対して祭祀内容を告げるという意味で使用されている。「北方の神に『勹』

①甲骨文字の記述

北方に禘《てい》するに、勹《ほう》を曰《い》い、風に役《えき》を曰い、年《みのり》を求めんか。
南方に禘するに、微《び》を曰い、風に尸《し》を曰い、年を求めんか。
東方に禘するに、析《せき》を曰い、風に劦《きょう》を曰い、年を求めんか。
西方に禘するに、彝《い》を曰い、風に丯《かつ》を曰い、年を求めんか。

②『山海経』の記述（一部不伝）

人有り、名を鵷《えん》と曰い、北方を鵷と曰い、来《きた》る風を𤞤《えん》と曰う。
神有り、名を因因《いんいん》と曰い、南方を因と曰い、来る風を民《みん》と曰う。
………、名を折丹《せきたん》と曰い、東方を折と曰い、来る風を俊《しゅん》と曰う。
人有り、名を石夷《せきい》と曰い、……………………来る風を韋《い》と曰う。

図 4-5　信仰の変質

という祭祀をおこなうことを告げ、北からの風（風神）に『役』という祭祀をおこなうことを告げ……」という内容である。

おそらく、文字資料は伝えられたが読み方や解釈は伝わらなかったため、後代の人が独自に読んだり解釈したりしたのであろう。

このように、殷代の信仰については文献資料に記されるまでに変質したものが多く、甲骨文字との比較ができるもの以外は正確な分析・研究が難しいのが現状である。

そのほかにも、甲骨文字には「帝五《ていご》臣《しん》」や「千《せん》森《しん》」などの神名が見られるが、それらの情報の多くが後代失われてしまっていて、しかも甲骨文字にも詳しい記述がないため、現状ではどのような信仰だったのかを復元することすら困難である。

第32問

これらの族徽は何の様子を表したものか？

③

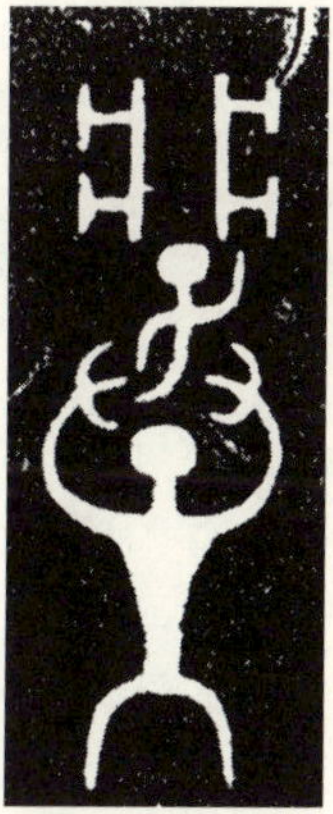

①

④

②

※④は略体。

第32問の答え

子供を掲げる人の様子（爿子大）

①〜③は三つの部分から成り立っている。中央が子（）であり、下部は手を挙げた人の正面形である。上部には寝台の形である爿《しょう》（）という文字が左右対称形で並べられている。便宜上、この族を「爿子大族」と呼ぶ。

この族徽の解釈には二通りがある。ひとつは爿が左右対称になっているのはデザイン的なものと解釈する説であり、単に「寝台に寝ていた子供を大人が掲げている様子」とするものである。この解釈であれば、「子孫繁栄」という程度の意味になるだろう。

もう一つは、爿が左右対称になっているのは寝台ではなく、城壁などを作るための「版築《はんちく》の塀の表現」であると解釈するものである。古代には、城壁などを作る際に板で塀を作り、その中に泥を流し込み突き固めた。これを「版築工法」と呼ぶ。これによって非常に固い壁を作ることができ、中には紀元前に作られて現在まで残っている城壁もある。こちらの解釈であれば、「版築の中から子供が得られた」という超自然的な神話の表現ということになる。

解説

爿子大族の神話は、後代には全く伝わっておらず、甲骨文字や金文にも神話に関する説明がないため、どの解釈が正しいのか明らかにすることはできない。前項でも述べたように、甲骨文字などに具体的な記載がなければ、正確な分析は難しい。

族徽のうち④は「爿」を省略しており、甲骨文字にもこれを反映したものであろう「」が見られる。「」は人名として使われており、爿子大族の族長の呼称と思われる。

なお、「爿子大」の族徽を記した青銅器は数が多く、全体で第二位の数字（二百器以上）であるが、それにもかかわらず、甲骨文字には「」の記述がごく僅かしか見られない。

その理由は明らかになっていないが、ひとつの可能性として、族徽の多さと王朝における重要さが異なるということが考えられる。比率としては族徽を記さない青銅器の方が遙かに多く、また全ての青銅器が発掘されたわけでもないので、必ずしも現存の族徽数は勢力に比例しないのかもしれない。

また、爿子大族のような大規模な族は、別の呼称がなされたという可能性もある。本章末尾のコラムで述べるように、大族は複数の血縁集団を内包していたので、個人を呼称する際に族単位での呼称がしにくく、個人名で呼ばれたのかもしれない。

あるいは、爿子大族が王朝によって安定的に支配されていたため問題が起こらず、そのため甲骨文字の記述が少なかったという可能性もある。

ただし、現状ではいずれが正しいのか、あるいはまた別の理由があったのかは不明である。

ちなみに、第一位の族徽は「冉《ぜん》族」であり、二百五十器以上が発見されている。本頁の上の図が族徽の「冉」の一例である。ただし、同じく甲骨文字には冉族の記述がほとんどない。爿子大族に次ぐのが「丙𠂤族」（一九〇頁参照）と「𢦏族」（二一二頁参照）であり、いずれも百五十器以上に見られる。そして、やはりこの両族とも甲骨文字には記載がない。

族徽の例が多いものの中で、唯一、甲骨文字にも比較的多く出現するのが「史族」である（族徽は百器以上）。本頁の下の図が族徽の「史」である。甲骨文字の初期において、「史族」の長が王の貞人（占いの担当者）を務めており、「史」の署名が多く見られる。ただし、「史」については甲骨文字に祭祀の挙行や軍事的な活動は記されていないので、王朝にとって重要だった族かどうかは分からない。

このように族徽の数と甲骨文字の記述には差異があるが、前述のようにその原因はよく分かっていない。今後の研究の進展を待ちたい。

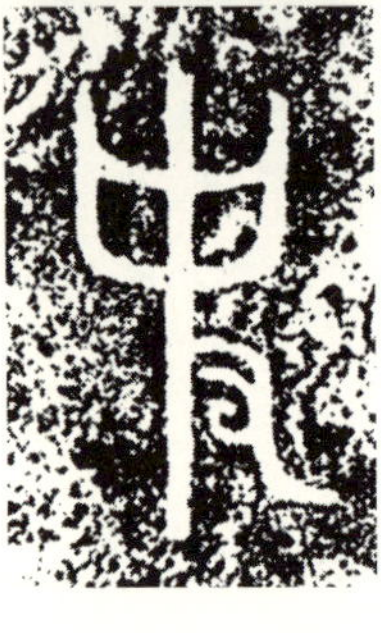

コラム　族徽の外側④

中国古代の氏族について

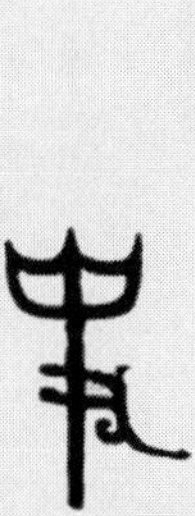

氏族（クラン）とは何か

かつては、殷代や西周代の社会が「氏族制」であったと考えられていた。実際の血縁で結ばれた集団が社会を構成したという想定である。

しかし近年の研究では、「氏族」とは、必ずしも実際の血縁ではなく、仮想の祖先説話によって結合している集団であると考えられている。つまり、「同じ血筋である」という概念を共有することで集団が形成されたのであり、その象徴のひとつとして族徽が用いられたと考えられるのである。こうした集団は、文化人類学では「クラン」と呼称される。

さらに、かつての学説には、都市や農村を全体が単一の血縁集団（氏族共同体）であったと見なす説まであり、支配者から農民、さらには奴隷まですべて同一の血縁に属すると想定されていた。

しかし、これも極端な考え方であって、上は支配者から下は奴隷まで、ひとつの血縁であることはあり得ない。実際には、各地で家柄の階層化が進んでおり、上には支配階層の家柄

①

②

図4-6　支族表示の例

が存在し、下には被支配者である農民階層があり、さらに下には奴隷がいた。

氏族制社会論も氏族共同体論も、一九六〇年代ごろに流行した「唯《ゆい》物《ぶっ》史《し》観《かん》」から出現した学説である。当時は唯物史観が万能とされたのであるが、現在ではそれが疑問視されている。

族徽で表される族の規模について

族徽で表される族については、支配階層の家柄であり、かつ「氏族」の単位である。しかも、前述した「冉族」や「丮子大族」など、大きな氏族の場合には、同時期に複数の家系が祭祀対象になっている。つまり、大きな氏族は複数の血縁集団が内包され、その間には必ずしも実際の血縁はなかったと推定されるのである。族に内包される血縁集団を、仮に「支族」と呼ぶことにする。

支族の表示が明確なのは冉族であり、図4-6の①・②のように、「冉」ともう一つの族徽が併記されている。これらは多数の青銅器に出現しているので、個人名や双系表示、あるいは複数族徽の併記（第二章末尾のコラムを参照）ではなく、支族名と考えられる。

なお、①の下部は何らかの動物と思われ、また②の下部は手（）で多くの魚（）を持っている様子である（魚は略体になっている）。甲骨文字にはこれらに近い形の「」や「」が人名として使われており、あるいは冉族の支族長への呼称かもしれない。

族徽の始まりを考えると、そもそも単一の血縁集団であれば、それを表示する必要性が弱い。しかし、複数の血縁集団が仮想の祖先を共有して「氏族（クラン）」を形成した際には、実際の血縁関係がないので、氏族の結束を強固にする必要がある。そこで、氏族を象徴する族徽が必要とされたのではないだろうか。そのうえで、実際の血縁で結ばれた小氏族にも族徽が普及したと考えると整合的である。

以上が殷代の氏族（クラン）の概要であるが、西周代になると、氏族よりも大きな単位として「姓」が使用され、さらに氏族より小さな単位として「宗族」が出現する。この点については終章で述べる。

古い歴史観とその問題

「氏族制社会論」や「氏族共同体論」と並び、かつて知られていたのが「奴隷制社会論」である。殷代や西周代を「奴隷制社会」と見なし、奴隷が生産労働の主たる担い手だったとする学説である。

この説は、古代ギリシャのアテネなどの制度を全人類で普遍的な古代社会と見なしたものであるが、実際には、古代日本や古代エジプトなど、「奴隷はいたが少数であり、生産の主たる担い手ではなかった」という地域の方が多い。

古代中国も同様に、殷代には王や領主層の家内奴隷は存在したが、農業に従事することはなかった。生産は一般の農民が担っていたのである。殷代の奴隷は、ときには祭祀犠牲にされていた（二一六頁参照）ので、強く印象づけられるのであるが、定義として「奴隷制社会」には合致しない。

このように、古い学説には理念が先行して実態を伴わないものが多い。二十世紀の後半までは歴史資料の整理が進んでいなかったので、そうした学説への批判が難しかったのである。その後、二十世紀の末期から二十一世紀になって歴史資料の整理が進むと、そうした理念先行の学説も見直しが進むようになった。ただし、分野によっては、いまだに古い学説が残っているので、今後、科学的な分析が進むことを期待したい。

終章　社会の変化と族徽の消滅

殷系諸族の分割移住

本書は、殷代を中心に族徽とそれに関係する事柄を解説してきた。本書では最後に、西周代における族徽文化の変化とその終焉について述べたい。

紀元前十一世紀後半に殷王朝は滅亡し、新たに周が王朝（西周王朝）を樹立した（詳しくは第三章末尾のコラムを参照）。

殷王朝の滅亡後、殷に服属していた諸族は、ごく一部は滅亡したり辺境に逃亡したりしたようであるが、ほとんどは西周王朝の支配下に入った。その際に、族（氏族）が分割され、別々の土地に移住させられた例が多い。大きな氏族（クラン）は擬制的なもの（詳しくは第四章末尾のコラムを参照）だったので、比較的容易に分割できたのであろう。

分割された個々の集団を仮に「分族」と呼称する（第四章末尾のコラムで述べた「支族」とは別の単位で、より小さいと推定される）。分族は、一部は本拠地から周王朝の諸侯（地方領主）の支配下に移住させられ、そこで各々が青銅器と族徽を作成した。王朝直属の勢力で都市の支配階層だった人々が、諸侯の陪臣《ばいしん》に格下げになったのである。

こうした事情は、考古学的な族徽の発見以外にも、『春秋左氏伝』などの文献資料にも記載がある。ただし、文献資料が作られたのは戦国時代（紀元前五～前三世紀）のことであり、必ずしも正確な情報は残っていない。

また分族の一部は周王朝の直轄地（首都がある渭水流域や副都の洛邑《らくゆう》周辺）に移住しており、そこからも多くの族徽が発見されている。こちらは王朝直属の（ただし小領主として）地位を保持した。こうした結果、西周代の青銅器は同一族徽を記したものが各地で分散して出土するようになっている。

例えば「冉族」（二二四・二二六頁参照）は、殷代のものは首都の商（殷墟遺跡）のほか、長江流域から多く発見されており、南方に本拠を置いた族だったと推定されている。しかし、西周代のものは渭水流域のほか河南省・河北省などから分散して出土しており、族の分割・移住があったと推定されている。

また「爿子大族」（二二二頁参照）は、殷代については首都の商のほか山東省から多く出土しており、それを本拠とする大族だったと推定されている。その後、やはり西周代のものは各地に分散して出土しており、こちらも族が分割されたようである。

なお、西周代に殷の旧王畿を支配したのは衛《えい》という諸侯であるが、商とは別の土地に本拠地を造営しており、都市としての商は放棄された。そのため商に居住していた殷王朝の有力な族も分割・移住の対象になっている。

また、殷代に多く見られた族徽が西周代にほとんど見られなくなったり、逆に殷代にごく僅かしかなかった族徽が西周代に比較的多くなったりする現象も見られる。殷系諸族の中でも身分の変動があったようである。

さらに、殷系諸族のうち一部はそのまま西周王朝の諸侯になっており、早くから周に帰順したものと思われる。やはり本拠地とは別の地方へ移住（いわゆる「転封」）する例が多く、西周代の諸侯のうち、殷系諸族の出身と推定されるのが燕《えん》（河北省北部）や宋《そう》（河南省東部）などである。

ただし、出自の自称は実態とは異なっており、燕は「周王室の一族である召公の子孫」を自称したが、召は殷代の甲骨文字に王朝支配下の地名として見えており、実際には殷系の族だったと考えられている〔白川一九五五〕。また、宋は「殷王の帝乙の子孫」を自称したが、甲骨文字では帝乙が祭祀されておらず（一八〇頁の図3－5を参照）、殷滅亡後に追加された王名と考えられる〔落合二〇〇二〕。宋の初代は「微子《びし》」を称しており、「微」も甲骨文字で殷王朝の支配下の地名なので、こちらも殷王の臣下が西周代に諸侯になったと考えられる。

ちなみに、殷代末期の甲骨文字に一例だけ見られる「父乙」を帝乙と見なす説もあるが、これは文武丁代における武乙に対する呼称である。また帝辛代の周祭はほぼ一年（三十五旬）をかけておこなう〔落合二〇一二〕が、もし帝乙が存在したとすると周祭期間が一年を超えてしまうので、この点からも帝乙は実在しなかったと考えられる。そのほか、帝辛代には近親の直系王（武丁・祖甲・康丁・武乙・文武丁）に対して「丁」という祭祀をおこなっていたが、帝乙（および父乙）にはそれが見られず、この点も「帝辛の父の帝乙」が実在しなかったことを示している。

殷の説話

殷（商）の人々が王朝の滅亡後に没落して商売をおこなったため、商人が「商」と呼ばれたという説もあるが、これは学術的な根拠がない俗説であって、歴史的な事実ではない。「商」は当て字で「賞」や「償」の意味で使われたため、そこから転じて商人の呼称になったというだけである。

そのほか、後代に作られた文献には殷王朝やその人々に関する説話が多いが、ほとんどが春秋戦国時代（紀元前八〜前三世紀）以降に作られたものであり、当時の実態を反映した記述はごく僅かしかない。最後の王である紂王の「酒池肉林説話」（『史記』など）や、盤庚という王の「商遷都説話」（『尚書』など）のように、歴史的な実態を伴わない説話ばかりである。

「酒池肉林」とは、殷の最後の王である帝辛（紂王）が毎晩淫らな酒宴を開き、諸侯や人民を虐げたため、殷王朝が滅びたとする説話であるが、実際には甲骨文字にそのような記述は見られない。また、盤庚については実際の遷都は武丁という王の時代である（第三章末尾のコラムを参照）。

殷代の神話についても、本書でいくつか取り上げたが、当時の情報が失われたり変質したりしていることが多く、文献資料の記述はほとんどが信頼できない。殷代の研究には、同時代資料である甲骨文字や金文・族徽、あるいは考古学資料を使用しなければならない。

殷文化と周文化の相違

かつての研究として、族徽が殷の滅亡後に急速に消滅していったとする説があった。しかし、これは「殷文化」と「殷の時代」を混同したものであり、実際には、殷が滅亡しても殷系の諸族は文化を維持し、族徽を使い続けた。

この点は、一九八〇年代に、日本において精密な時代研究がおこなわれ〔林一九八四など〕、明らかにされた。しかし、中国では現在でもかつての学説が影響を与えているようであり、族徽がある青銅器が時代を古く見積もられることが多い。結果として族徽研究、さらには歴史研究における誤解を招いている場合がある。

一方、周の文化では、族徽を使うことはなかった。その代わり、より大きな単位として「姓」という社会組織を持っていた。姓は婚姻に関わる組織であり、結婚は必ず異姓の間でおこなわれ、同姓同士は結婚できないという、「同姓不婚《どうせいふこん》」を原則とした。周王室の姓は「姫《き》」であり、そのほか「姜《きょう》」「姒《じ》」「姞《きつ》」「嬴《えい》」などの姓がある。当時は女性が姓を付した名で呼称された。なお、後に「姫」が「ひめ」の意味になったのは、王室出身の女性が「某姫」と呼称されたことに由来する。

当初は周王室の周辺でおこなわれた制度だったようだが、周王室や周系諸侯との政略結婚においては同姓か異姓かが重要になったため、それまで姓を持たなかった土着勢力も、姓を自称したり、新たな姓を創始したりするようになった。

当然、そうした場合には実際の血縁ではなく、仮想の血縁なのだが、それでも姓は婚姻組織として機能し続けた。姓は形のうえでは父系血縁集団であるが、結果として多くの勢力が自称した結果、姓は巨大な組織になった。殷代の族徽が数百種と推定されるのに対し、姓は当初は十種に満たず、最終的にも二十種程度にとどまっている。それだけ、ひとつの「姓」に属する集団が多かったのである。

しかし、殷系の諸族だけは姓を使用せず、西周代にも引き続き族徽を使用した。ただし、殷系諸族は、便宜上「異姓」と見なされたようで、周系諸族との間に通婚もおこなわれた。金文には「父が周系、母が殷系（あるいはその逆）」の例も多く見られる。

図5－1　西周王朝の系譜（数字はこの期間の継承順）

1武王―2成王―3康王―4昭王―5穆王┬6共王―7懿王―9夷王―10厲王……
　　　　　　　　　　　　　　　　　└8孝王

支配体制の変化と宗族（リネージ）の出現

西周王朝の初代である武王《ぶおう》（系譜は図5－1を参照）が建国した当初は、まだ殷系諸族が強く、また優れた科学技術も保有していた。そうであるから、武王の時代には殷系諸族を支配下に入れる形で融和的に王朝経営を進めた。

その後、第二代成王《せいおう》の時代に殷系諸族の一部が反乱を起こした（彔子《ろくし》聖《せい》の乱）が、間もなく鎮圧された。そして、前述のように旧首都である商の放棄や殷系諸族の分割・移住が進められた。また辺境への領域拡大も進み、諸侯の封建もおこなわれた。

第三代康王《こうおう》の時代には、引き続き領域を拡大するとともに、天命《てんめい》思想が発達した。これは主神として「天」を設定し、その命令（天命）によって周王朝が全土を統治するという思想である。「悪である殷が天命を失い、善である周が新たに天命を受けた」とすることで、周による統治を正統化したのである。

そして、第四代昭王《しょうおう》も外征をおこなったが、南方遠征の際に昭王が敗死するという事態が発生した。これにより、西周王朝の拡大が停止し、さらに支配体制の変更も余儀なくされた。それまでは、殷代と同様に貴重品の賜与（一二一・二〇七頁参照）によって支配体制が構築されていたのだが、南方を敵対勢力に押さえられたことで、貴重品の獲得が難しくなったのである。

この状況で西周王朝が選択したのが「賜与から冊命《さくめい》への転換」であり、第五代穆王《ぼくおう》のころに冊命が出現した。冊命とは、「王の命令を冊（一一三頁参照）に記録する」という意味の用語であり、王が中小領主を官職に任命し、それを記録するという儀礼を指す。儀礼においては貴重品ではなく、儀礼に関係する衣服や靴などが賜与された。

西周代の「官職」はのちの時代ほど厳密なものではなく、すでに保有していた権益を追認するという程度〔吉本一九九一〕だった。しかし、王朝にとっては賜与物が安価ですむようになり、また中小領主にとっては終身で「官職」に任命されるため、相互に有益な体制であった。こうして、西周王朝は体制の転換によって危機を乗り越えたのである。

そして、「官職」は終身で有効であるだけではなく、世襲されることも多かった。権益の世襲により成立したのが貴族制である。第六代共王《きょうおう》から第七代懿王《いおう》のころに世襲の貴族が出現しており、王朝の有力者が大貴族になり、中小領主層が中小貴族になった。

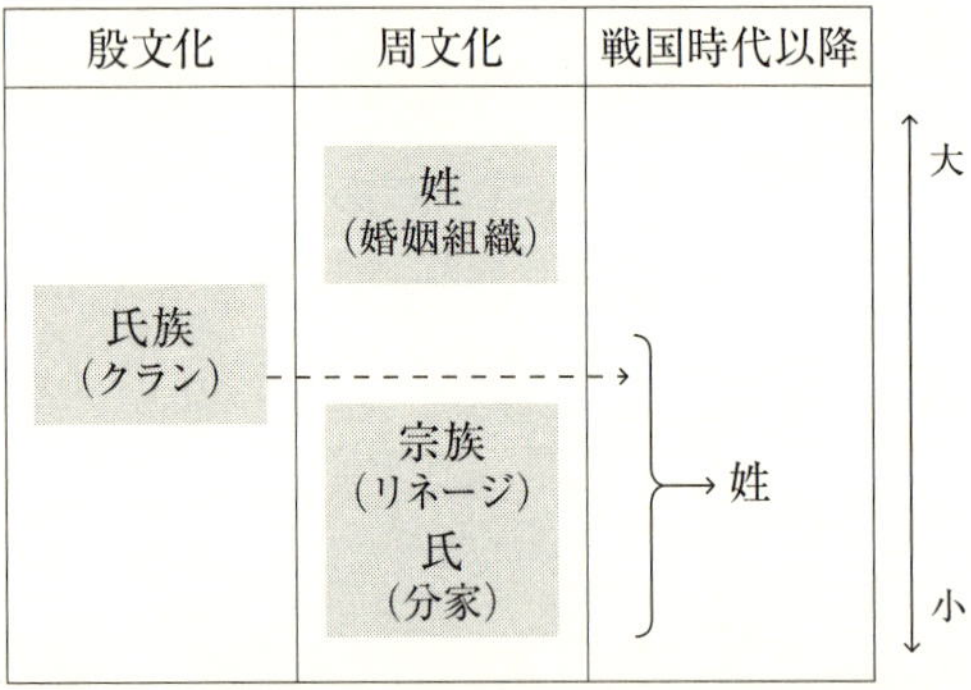

図 5-2　社会組織の相違・変遷（上ほど大きな単位）

なお、冊命によって西周王朝は安定化したのであるが、第十代厲王《れいおう》の時代になると、王と大貴族の深刻な対立が起こり、西周王朝滅亡のひとつの原因となっていった。

西周代の貴族は、血縁集団としても変化があり、「宗《そう》族《ぞく》」になっている。これは氏族（クラン）より規模が小さく（前述の分族程度の単位）、かつ実際の血縁関係として系譜を長くたどれることが特徴である。こうした組織を文化人類学では「リネージ」と呼んでいる。つまり、周文化においては、仮想の血縁で大規模な「姓」と、実際の血縁で小規模な「宗族」の二重組織になったのである（図5－2を参照）。

文化的統合と族徽文化の消滅

貴族制の成立、および宗族（リネージ）の出現とほぼ同時期に、族徽文化が急速に衰退した。その一つの原因は、周系諸族の殷系諸族に対する優位である。

諸侯の支配下においては、早い段階から周系諸族の優位が固定化していた。例えば山東省南部に封建された魯《ろ》では、中心地の曲阜《きょくふ》から周系諸族の墓と殷系諸族の墓の両方が発見されているが、周系諸族の方が青銅器などの高級な副葬品が多い〔山東省文物考古研究所ほか一九八二〕。

そして、西周王朝の直轄地においても、冊命体制が成立したころに周系諸族の優位が固定化していく〔谷二〇一〇〕。冊命は、それまでの賜与の関係とは異なり、王・有力者・受命者（官職を受ける者）が一同に会する儀礼であり、王朝のヒエラルキーが明確になり、王の権威を強調できるという副産物があった。結果として下位の殷系諸族の劣位が明確になったのであろう。

そのほか、第六代共王から第七代懿王のころには、周王が「王」のほかに「天子《てんし》」と呼称されるようになり、政治的な首長であるだけではなく、宗教的にも最高位であることが明示されるようになった〔谷二〇〇八〕。

こうした周王室の支配の確立により、周系諸族の優位と殷系諸族の劣位が固定化していった。結果として、殷系諸族も殷文化を捨てて周文化に同化する者が多くなり、中には周系の血縁として姓を自称する者も現れたのである。なお、最終的に殷系諸族は「子《し》」という姓にまとめられており、これは族徽の付加記号の「子」（第二章末尾のコラムを参照）に由来す

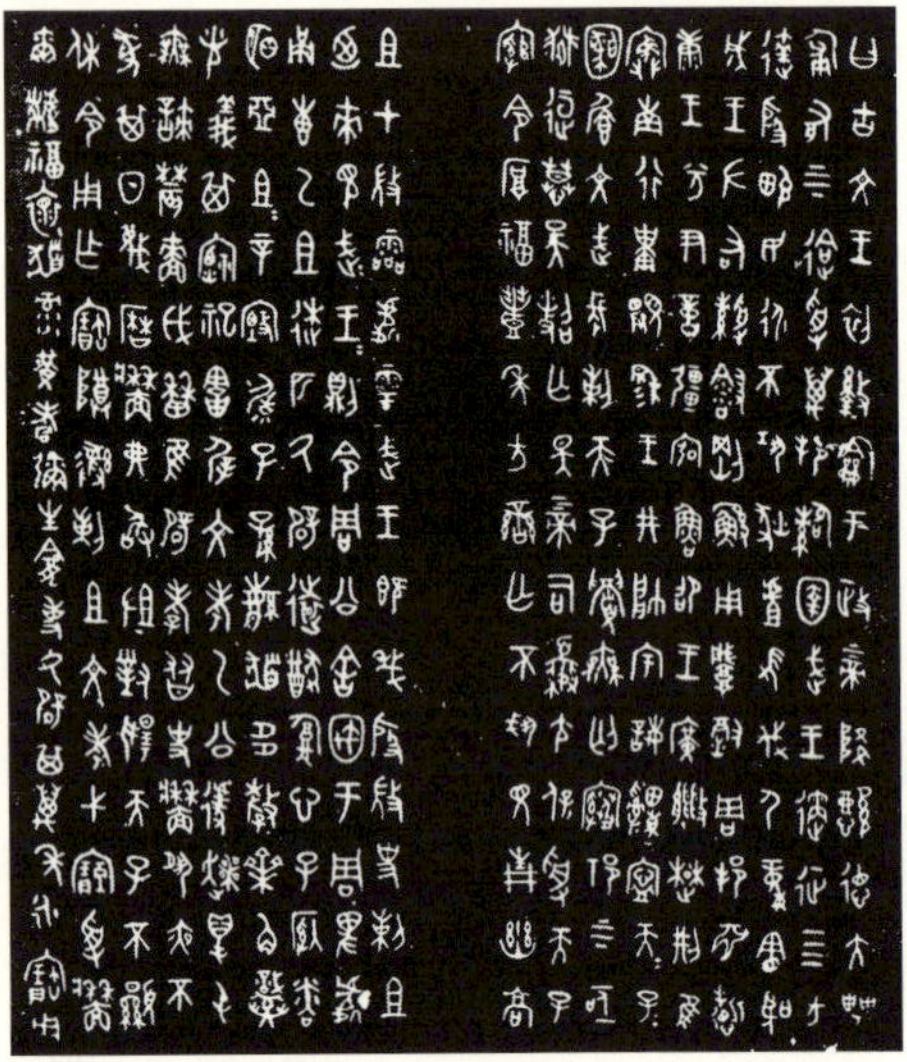

図5-3　殷系諸族のリネージ化

るものと思われる。

　また、もう一つの原因として世襲の貴族制への移行があり、殷系諸族も宗族化したため、族（氏族）の単位を表示する族徽の放棄につながったと考えられる。族徽は、宗族（リネージ）よりも大きな単位である氏族（クラン）を表示する機能なので、当時の貴族制社会では使用が難しかったのであろう。

　図5－3は、共王の時代の金文であるが、十干《じっかん》を用いた祖先の呼称（詳しくは本章末尾のコラムを参照）から見て殷系諸族による製作である。しかし、族徽を使用しておらず、また武王やその父の文王以来の「忠誠」を記している。そして、西周初期からの自己の系譜を記しており、殷系諸族もリネージ化していたことを示している。

　こうして、族徽文化は急速に消滅し、姓と宗族による出自表示へと統合されていったのである。

なお、さらに後の戦国時代から漢代にかけて、巨大な婚姻組織である「姓」が使用されなくなり、宗族単位、あるいはそれよりも小さな分家単位（当初は「氏」と呼称）が「姓」と見なされた（前掲の図5－2を参照）。「同姓不婚」の制度は新たな単位での姓において維持されている。また「氏」と「姓」の明確な区別がなくなった。

族徽文化の残り香

春秋戦国時代になると族徽は使われなくなったが、しかし、何も残さずに完全に消滅したわけではない。一部は姓（宗族名）として残った可能性がある。

青銅器に記された族徽や甲骨文字に見える族名として、「何」「彭《ほう》」「黄」「尹《いん》」などがあり、それぞれ春秋時代以降の「何氏」「彭氏」「黄氏」「尹氏」になった可能性がある。ただし、族徽文化の衰退から春秋時代の記録が整うまでに約二百年の時代差があるので、一部は出自を示す文字が偶然に一致しただけかもしれない。

また、族徽は青銅器だけではなく、少数だが印章（印鑑）にも使われており、図5－4の①に一例を挙げた。これは中国最古の印章のひとつで殷代のものであり、付加記号の「亜（亞・亞）」の内部に族徽が鋳込まれている。上部が鳥の形の略体、下部が狩猟器具を表しており、両者を合わせて鳥を捕らえる様子を表した族徽である。左右にあるT字形は隙間をデザイン的に埋めたものであろう。

文字としては「禽《きん》」の異体字にあたるので、この族を「禽族」と呼ぶ。禽族については、青銅器にも族徽として記されており、図5-4の②と③に例を挙げた。禽族は、おそらく狩猟に関係した族だったと思われるが、甲骨文字には詳細な記述がなく、首都に近い都市を本拠としたという程度のことしか分からない。

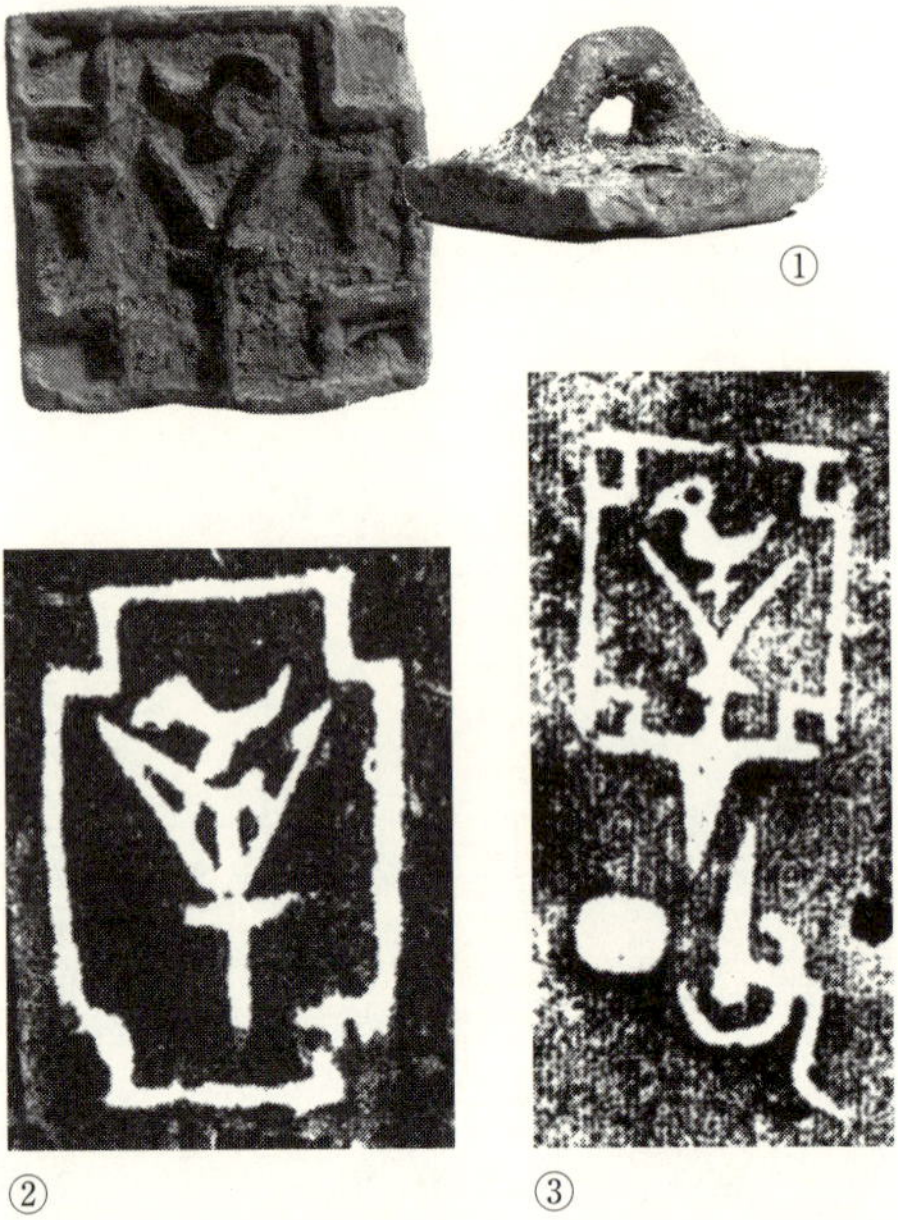

図5-4　禽族の印章と族徽（①は印章の印面と側面。②・③は青銅器の族徽であり、③の下部は祖先名の「父丁」）

前述のように、族徽そのものは文化として消滅したが、印章によって地位や姓名を表示する文化は残っており、現在でも使われ続けている。

そして、族徽と同様に文字を意匠化するという文化も後の時代に見られる。図5－5の①は春秋時代末期のもので、鳥の形の装飾を加えていることから「鳥文《ちょうぶん》（あるいは鳥書《ちょうしょ》）」と呼ばれる。図は有名な越王句践《えつおうこうせん》が作らせた剣の銘文であり、銘文中では名前の文字が「句践」ではなく「鳩浅《きゅうせん》」となっている。

また、図5－5の②は、前漢代の宮殿で使われていた瓦（軒瓦の正面）である。同心円を利用して「長楽未央《ちょうらくびおう》」と記されており、きわめてデザイン性が高い。

このように、文字（漢字）を意匠化するということは多くの時代に見られるものであり、

①

②

図5-5　意匠化された漢字

族徽はその原点に位置づけられる。現代の書道も、漢字を芸術として表現するものであり、その点で族徽文化とつながっていると言えるだろう。

族徽は、文字研究として見た場合には、甲骨文字や金文といった漢字の中心資料ではないが、古代の文化を反映しているという点で重要である。また、当時の人々がどのように自己を定義し、また表現したのかを知ることができる資料であり、歴史研究にも関わっている。現在、さまざまな資料が研究対象になっており、今後は族徽についても総合的な文字研究・歴史研究が進められていくことであろう。

コラム　族徽の外側⑤　**祭祀対象の十干について**

殷文化における祭祀対象の呼称

殷代の甲骨文字や金文では祭祀対象の祖先が十干《じっかん》をつけて呼称されている。本コラムではこれについて述べたい。

十干とは、甲《こう》・乙《おつ》・丙《へい》・丁《てい》・戊《ぼう》・己《き》・庚《こう》・辛《しん》・壬《じん》・癸《き》の十種類である。祖先の呼称は、「祖甲《そこう》」「父乙《ふいつ》」「母丙《ぼへい》」など、親族関係を表す文字と十干を組み合せることが多い。殷の先王の場合には、近い祖先はやはり親族関係プラス十干で呼称されるが、遠い祖先は「大《たい》甲《こう》」「武乙《ぶいつ》」「卜丙《ぼくへい》」など個別の呼称がされる。

十干をつけた人名呼称は、「十干名」「天干名」「日名」などさまざまな呼び名があるが、生前の名とは異なっており、一種の諡号《しごう》（おくりな）であることが特徴なので、これを本書では「十干諡号」と呼ぶことにする。

十干諡号は、世代内の長幼の区別がないことが特徴であり、祭祀者の父（実父）だけではなく、伯父（父より年長のオジ）や叔父（年少のオジ）も含めて「父某」と呼ばれた。同様に、祭祀者の同世代の男性は、死後には兄弟も従兄弟も「兄某」と呼ばれた。甲骨文字にはオジを表す文字がなく、また弟や従兄弟を表す文字もない。

さらに、「祖」は二世代以上前の男性に対して用いられており、世代間の区別もない。同様に二世代以上前の女性は「妣《ひ》」と呼ばれた。

こうした呼称法は「類別呼称《るいべつこしょう》」などと呼ばれるが、一般に親族呼称は家族内の地位や関係を表すので、長幼の区別がないことは、後代ほど年齢の上下による序列はなかったためと考えられる。ただし、男子については「大子」や「小子」といった長幼の区分がされているので、家督の継承に関しては長幼が厳密だったようである。

王名の十干の研究

それでは、なぜ諡号に十干を用いたのか。十干は、本来は日付として使われた（厳密に言えば十二支と組み合わせた六十種の干支《かんし》として使用）ため、かつては生まれた日を表示した、あるいは死去した日であるなどと考えられていた。これらは、いずれも無作為に十干が選ばれたとするものである。

これに対して、一九六三年に張光直《ちょうこうちょく》という研究者が大きな発見をした（張一九六三）。張光直が分析対象にしたのは殷王の系譜であり、やはり十干諡号になっているが、そこには規則性があり、無作為に決定したものではないことが明らかになったのである。

具体的には、父母とその子、兄と弟、および王とその配偶者で必ず十干が異なるという規則性である。文献資料に記された系譜（図5-6参照）と甲骨文字の祭祀から復元できる系譜（図5-7参照）では、王名や継承関係などに食い違いがあるものの、いずれもこの規則が成立している。延べ八十ヵ所以上になる「父母とその子」「兄と弟」「王とその配偶者」

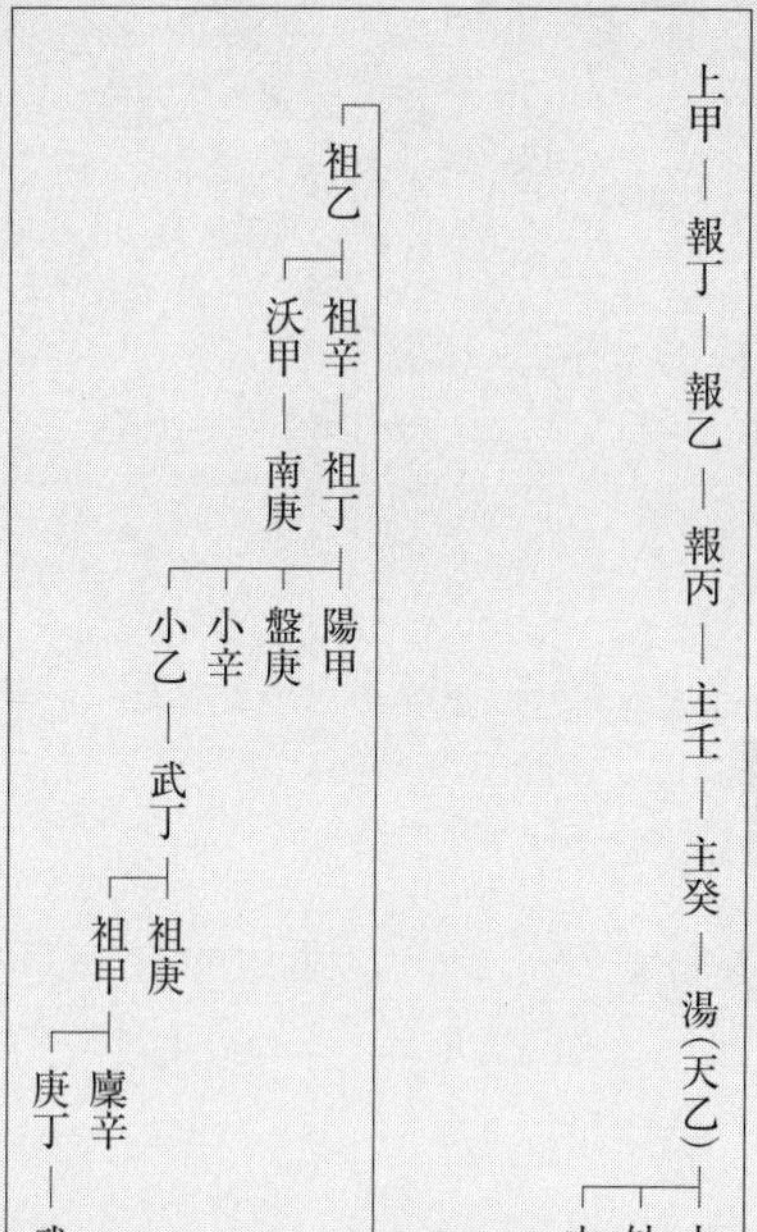

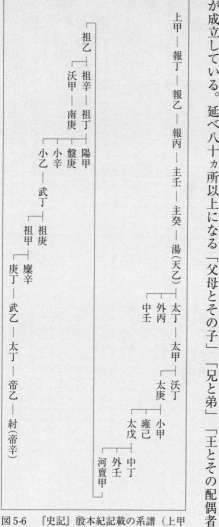

図5-6　『史記』殷本紀記載の系譜（上甲以後）

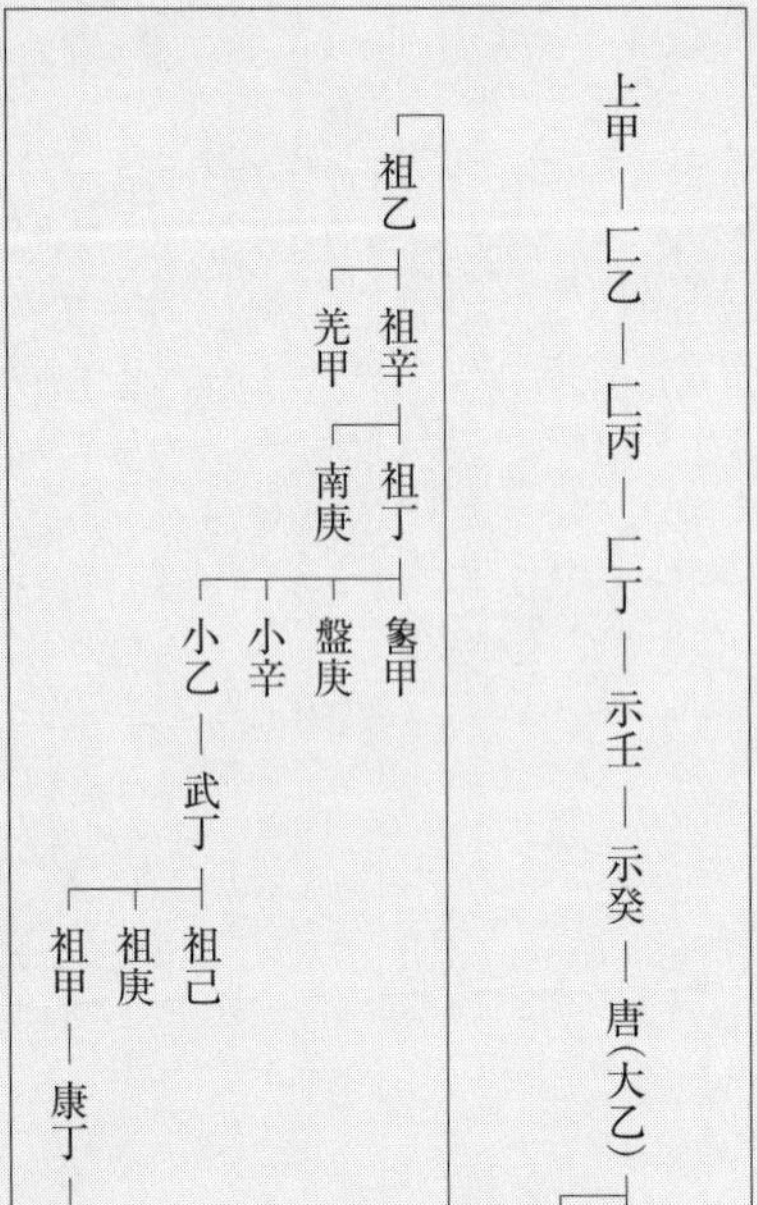

図5-7 殷末の甲骨文字の祭祀から復元した系譜（王の配偶は省略）

の全てで十干が異なることを偶然と仮定すると、その確率は単純計算で十分の九の八十乗、すなわち〇・〇三％未満であり、きわめて不自然である。

さらに張光直は、殷王の系譜には甲・乙・戊・己と丙・丁・壬・癸が世代ごとに交互に出現する部分が多いことを発見した。例えば示癸—大乙—大丁・卜丙—大甲のような例である。

この現象について、張光直は、当時流行していた文化人類学の「構造主義《こうぞうしゅぎ》」という考え方を応用し、諡号の十干を出自（所属する血縁集団）の表示と見なした。特に注目したのは、オーストラリア先住民などに見られる内婚制の「交差《こうさ》イトコ婚」という制度である。

交差イトコ婚の最も単純な形である「四分制《しぶんせい》」の社会では、氏族内部で婚姻がおこなわれる（図5－8を参照）。まず、氏族が二つの支族に分かれていることが前提である。そして、一方の男性（「自己」とする）の姉妹が別の支族の男性と結婚し、自己は別の支族の男性の姉妹と結婚する。そして、自己の男子はまたその同世代の別の支族出身の女性（自己の姉妹の女子）と結婚し、自己の女子がその同世代の支族の男性と結婚するのである。

このように、常にイトコ（従兄弟・従姉妹）同士が結婚を続けていく制度であり、二つの支族がそれぞれ世代で区別されるため、「四分制」と呼ばれる。

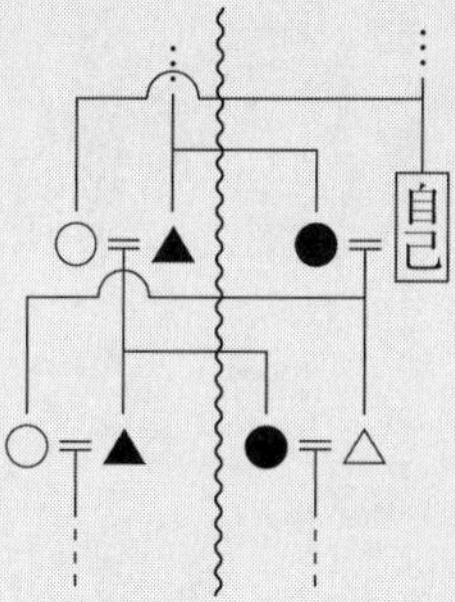

図5-8　四分制における交差イトコ婚（白と黒は出自支族を表す。三角が男性、丸が女性）

これを元に、張光直は「十干が出自の支族（小血縁集団）を表し、交差イトコ婚がおこなわれ、伯父・叔父から甥へと王位が継承された」という想定をした。つまり、系譜上で「父子継承」とされた部分も、実際には「オジオイ継承」であり、そのため出自を表す十干が異なると考えたのである。

そして、張光直は一九七三年により詳しい見解を発表し〔張一九七三〕、「殷王室は十個の小血縁集団から成る集団であり、十干がそれぞれの小血縁集団を表す」と定義した。

十干出自説の矛盾

張光直の学説は、当時の流行に乗ったものであり、中国・台湾でも日本でも支持を得た。また類似する学説も多く発表された。しかし、結論を言えば、その学説にはさまざまな矛盾があった。

まず問題になるのが、十干諡号を「殷王室」に限定したことである。当時は青銅器の製作年代を明らかにすることが難しかったのであるが、その後の研究で、殷王朝が滅亡した後の西周代にも多くの青銅器に十干諡号が記されていることが判明した〔林一九八四など〕。族徽によっては、むしろ西周代の方が多いことも珍しくはない。すでにこの一点で張光直の説は破綻したと言える。実際には、十干諡号は殷文化で広くおこなわれた習慣であり、殷滅亡後の西周代にも使われ続けたのである（二四〇頁を参照）。

ちなみに、本書でも取り上げたように、殷文化では族徽と十干諡号がセットになっていることが多いが、周文化では十干諡号は使われておらず、その代わり「伯・仲・叔《しゅく》・季」によって兄弟の序列を表したものが多い。殷文化の「族徽・十干諡号」と周文化の「姓・伯仲叔季」という組み合わせである（通婚によって父と母で異なる場合も見られる）。

また、張光直の説のうち、十干を出自表示としたことも誤りであった。もし諡号の十干が出自を表すのであれば、ひとつの家系の男性は、すべて同じ十干で名付けられていなければならない。しかし、金文には複数の世代の男性が祭祀対象になっているものが見られるが、そのような現象は発生していない。

図5－9に例を挙げたが、①は「祖丁・父乙」、②は「祖癸・父丁」であり、③は「𣄰」という族徽（亡失字）の周囲に「▽己・祖丁・父癸」（▽己は祖丁よりも前の祖先か）と記されている。いずれも十干が異なっており、また張光直が想定する「甲・乙・戊・己」と「丙・丁・壬・癸」の組み合わせにも合致しない。

①

②

③

図 5-9　複数世代の祭祀

こうしたことは、甲骨文字でも殷王以外の祭祀では同様であり、例えば「父丙・父戊」や「兄辛・子癸」などの組み合わせが見られる〔落合二〇一二〕。

さらに言えば、殷王朝は外婚制（氏族外部と通婚する）をとっており、内婚制ではなかった。例えば中興の祖である武丁は、地方領主である「井族」から「婦井《ふせい》（婦姘とも言う）」を娶《めと》り、同じく「好邑」から「婦好《ふこう》」を娶っていた（ほかにも数名の側室がいた）。内婚社会の制度（交差イトコ婚）を外婚社会である殷王朝にあてはめたことは、それ自体が誤りだったのである。

実際の王統と十干の意義

ただし、張光直の学説には正しい面もあり、それは文化的な交代に注目したという点である。殷代後期の甲骨文字は、王が交代すると内容や形式が大きく変化することがある。古くは、それを「礼制の革新と復古」と考えていた〔董一九三三〕のだが、張光直は二つの勢力が並行して存在し、王を出している側の文化が現れた結果と考えたのである。

その後の研究で、甲骨文字の二派併存が証明された〔黄一九九一・李ほか一九九六〕。それぞれ殷墟遺跡がある小屯村《しょうとんそん》の北中部と南部で出土することが多いため、仮に「村北派」と「村南派」と呼称する。村北派・村南派の分かれ方には諸説あるが、図5‐10に筆者の考え〔落

分期	第一期	一二間期	第二期	第三期	第五期
殷王	武丁	祖己	祖甲・祖庚	康丁・武乙	文武丁・帝辛
分派と貞人組	村北派 **賓組** 村南派 自組	村南派 **歴組**	村北派 **出組**	村北派 何組 村南派 **無名組**	村北派 **黄組**

図 5-10　殷代後期の分期と分派（太字が王を出している派閥）

合二〇〇二）を挙げた。

派閥が異なる王の間には直接の父子・兄弟関係はなかったと推定され、甲骨文字では先王への祭祀と同時に、実際の父や兄弟への祭祀が見られる。例えば、祖己は表面上は武丁を父としており、甲骨文字では「父丁」への祭祀をおこなったという記述が多いが、それとは別個に実父の「父乙」も祭っている。また、康丁は祖甲を形式上の父とし、甲骨文字では「父甲」を祭っているが、それとは別に実父の「父戊」を祭っている（落合二〇一二）。

つまり、「十干で表示される血縁集団」が先にあったのではなく、「二つの勢力から交互に王を擁立する」という政治的現象が先にあったのである。その結果として義理の父子・兄弟関係になるため、世代関係が明確ではなくなる。そこで、世代関係を明示するために「甲・乙・戊・己」と「丙・丁・壬・癸」で交互に名づけたというのが実態である。

もう一度殷王の系譜（図５－７）を見ると、実は武丁以前は「甲・乙・戊・己」と「丙・丁・壬・癸」の交代は明瞭ではない。例外は建国者である湯王（甲骨文字では大乙）の前後であるが、実は示癸の配偶が「妣甲」、大乙の配偶が「妣丙」なので、直系の王と配偶が示癸・妣甲―大乙・妣丙―大丁と、機械的に十干の順に名付けられているにすぎない。

したがって、歴史的経緯は次のような順だったと考えられる。まず武丁が殷代中期の混乱を収めた（第三章末尾のコラムを参照）が、各領主に自治を認める間接統治だったため、諸族も比較的大きな力を持っていた。そこで、おそらく政治的な軋轢《あつれき》を回避するため、武丁の死後、異なる派閥から交互に王を擁立するようになった。そして、本来は生前の名を忌避した記号的な命名であった十干諡号を曖昧な世代関係を明示するために使用し、大乙の前後などを参照して、「甲・乙・戊・己」と「丙・丁・壬・癸」で交互に名づけるようになったということである。

ちなみに、殷王以外では別の命名方法が採用されており、一般の金文では「乙・丁・己・辛・癸」の五種類が多く見られる。実は、これを発見したのも張光直であり〔張一九七三〕、今から見ればこの時点で自説を取り下げるべきだったのであるが、辻褄の合わないまま殷王の十干と金文の十干を同じものとして扱い続けたのである。

甲や庚が比較的多い殷王の十干諡号とそれが少ない金文の十干諡号は、明らかに別の命名方法である。金文が表す領主層の十干については正確には分からないが、比率から見て直系・傍系の別を表したものではないかと思われる。

構造主義・唯物史観の問題点

張光直の学説の問題点を最初に指摘したのは筆者であり、一九九六年に執筆した学部の卒業論文のことである〔論文としての発表は落合一九九八〕。

張光直が学説を発表した時代には、甲骨文字や金文の資料整理が進んでいなかったが、その後、甲骨文字の資料集成として『甲骨文合集《こうこつぶんがっしゅう》』〔郭一九七七〕が一九七七年から順次発表され、また金文の資料集成として『殷周金文集成《いんしゅうきんぶんしゅうせい》』〔中国社会科学院考古研究所一九八四〕も一九八四年から公刊された。そのため、一九九〇年代の段階で、甲骨文字や金文は比較的扱いやすい資料になっており、殷代史の初学者から見ても張光直の学説は誤りが明らかだったのである。

しかし、その後、二十一世紀になっても張光直説を引用する論文や著書が残った。それだけ構造主義に対する信頼が高かったのだと思われる。

実際のところは、構造主義は万能ではない。構造主義は、分析対象をデジタル的な構造とその変換として捉えるので、その方法で分析しやすい分野には有効であるが、そうではない場合には使いにくい。歴史学・考古学で言えば、原始社会の集落のように単純化が可能であれば有効であるが、王朝国家のように複雑化した社会には応用が難しい。張光直の学説の根本的な問題はここにあるのだろう。

構造主義と同様に、戦後に流行した思想として唯物史《ゆいぶつし》観《かん》がある。「氏族制社会」（二二五頁参照）や「奴隷制社会」（二二八頁参照）なども唯物史観の産物であるが、すでに述べたように、少なくとも古代中国に適用できる概念ではない。

そのほかにも唯物史観には、「単線発展論」や「階級闘争史観」、あるいは「生産体制の絶対視」や「近世（絶対王制など中世後の君主独裁時代）の見落とし」など、多くの欠点がある。

歴史学としての構造主義と唯物史観には、人間社会を単純化しようとしたという共通点がある。構造主義はデジタル的な構造のみで把握しようとし、唯物史観は生産体制のみから分析しようとした。人間社会を機械的に把握しようとしたのである。

しかし、いずれも人間社会の多様性や複雑性を軽視したものであり、また人間の発想力や構想力を前提としないものだった。構造主義や唯物史観は、数ある方法論のひとつとして見れば、今でも有効な分野は存在するが、歴史や社会の研究として万能視することは、非科学的と言わざるを得ない。

主要参考文献

（著者の姓の五十音順で配列。漢語文献も音読みで配列した。副題は省いた）

〈ア行〉

阿辻哲次監修　二〇一六『漢字三千年』黄山美術社
石川栄吉・梅棹忠夫・大林太良・蒲生正男・佐々木高明・祖父江孝男　一九八七『文化人類学事典』弘文堂
伊藤道治　一九八七『中国古代国家の支配構造』中央公論社
上田信　二〇一六『貨幣の条件』筑摩書房
NHK・NHKプロモーション　二〇〇〇『世界四大文明中国文明展』NHK・NHKプロモーション
王巍総主編　二〇一四『中国考古学大辞典』上海辞書出版社
王志俊　一九八〇「関中地区仰韶文化刻劃符号綜述」『考古与文物』一九八〇年第三期
王長豊　二〇一五『殷周金文族徽研究』上海古籍出版社
王長豊　二〇一六「新見黿族銅器兼及相関盟姻族徽的再認識」『中原文物』二〇一六年第五期
王文耀　一九九八A『簡明金文詞典』上海辞書出版社
王立新　一九九八B『早商文化研究』高等教育出版社
岡村秀典　一九九七『青銅器の図象記号による殷後期社会の研究』平成7年度～平成8年度科学研究費補助金基盤

研究（C）研究成果報告書
岡村秀典　二〇〇五　『中国古代王権と祭祀』学生社
岡本裕一郎　二〇一五　『フランス現代思想史』中央公論新社
小澤正人・谷豊信・西江清高　一九九九　『中国の考古学』同成社
落合淳思　一九九八　「甲骨文・金文および殷王世系の十干称謂」『立命館文学』五五五
落合淳思　二〇〇二　『殷王世系研究』立命館東洋史学会
落合淳思　二〇一二　『殷代史研究』朋友書店
落合淳思　二〇一四　『漢字の成り立ち』筑摩書房
落合淳思　二〇一五　『殷』中央公論新社
落合淳思　二〇一六　『甲骨文字辞典』朋友書店（第二版、二〇一八年）
落合淳思　二〇二二　『漢字字形史字典【教育漢字対応版】』東方書店
落合淳思　二〇二三　『古代中国　説話と真相』筑摩書房

〈カ行〉
何景成　二〇〇九　『商周青銅器族氏銘文研究』斉魯書社
郭沫若　一九六一　「殷彝中図形文字之一解」『殷周青銅器銘文研究』中国科学院考古研究所
郭沫若主編　一九七七（～一九八二）　『甲骨文合集』中華書局
鞠煥文　二〇一九　『商周青銅器銘文照片捜集・整理与研究』黒竜江人民出版社
北岡明佳監修　二〇〇七　『脳はなぜだまされるのか？　錯視完全図解』ニュートンプレス

木村秀海　二〇〇四「甲骨文・金文の小臣について」『人文論究』五三－四
厳志斌　二〇一七『商代青銅器銘文研究』上海古籍出版社
呉来明・周亜・廉海萍・丁忠明　二〇〇八『古代青銅鋳造術』文物出版社
黄天樹　一九九一『殷墟王卜辞的分類与断代』文津出版社
高明　一九九六『中国古文字学通論』北京大学出版社
高明・涂白奎編　二〇一四『古文字類編（縮印増訂本）』上海古籍出版社
甲元眞之　二〇〇一『中国新石器時代の生業と文化』中国書店
小南一郎　二〇一五「部族符号の展開と金文の形成」『泉屋博古館紀要』三一

〈サ行〉

佐藤信弥　二〇一六『周』中央公論新社
山東省文物考古研究所・山東省博物館・済寧地区文物組・曲阜県文管会編　一九八二『曲阜魯国故城』斉魯書社
島邦男　一九五八『殷墟卜辞研究』弘前大学文理学部中国学研究会
周法高・李孝定・張日昇　一九七七『金文詁林附録』香港中文大学
徐暢編　二〇一六『古璽印図典』天津人民美術出版社
徐無聞主編　一九九一『甲金篆隷大字典』四川辞書出版社（新版、二〇一〇年）
鍾柏生・陳昭容・黄銘崇・袁国華　二〇〇六『新収殷周青銅器銘文曁器影彙編』芸文印書館
白川静　一九五五「召方考」『甲骨金文学論叢』第二集、立命館大学中国文学研究室
白川静　一九七一『金文の世界』平凡社（『白川静著作集』収録、二〇〇〇年）

白川静　二〇〇六　『殷文札記』（『白川静著作集』別巻）平凡社
白川静　一九六四（〜一九八四）『金文通釈』白鶴美術館（『白川静著作集』別巻収録、平凡社、二〇〇四〜二〇〇五年）
杉本憲司　二〇〇二　『中国の古代都市文明』思文閣出版
鈴木舞　二〇一七　『殷代青銅器の生産体制』六一書房
宋兆麟・馮莉　二〇〇四　『中国遠古文化』寧波出版社
宋鎮豪　二〇〇一　『中国風俗通史夏商巻』上海文芸出版社

〈タ行〉
谷秀樹　二〇〇八　「西周代天子考」『立命館文学』六〇八
谷秀樹　二〇一〇　「西周代陝東出自者『周化』考」『立命館文学』六一七
譚其驤主編　一九八二　『中国歴史地図集』第一冊、地図出版社
中国社会科学院考古研究所　一九八四（〜一九九〇）『殷周金文集成』中華書局（修訂増補版、二〇〇七年）
中国社会科学院考古研究所　一九九三　『考古精華』科学出版社
中国社会科学院考古研究所　一九九四　『殷墟的発現与研究』科学出版社
中国社会科学院考古研究所　一九九八　『安陽殷墟郭家荘商代墓葬』中国大百科全書出版社
中国社会科学院考古研究所　二〇〇〇　『20世紀中国考古大発現』四川大学出版社
中国社会科学院考古研究所　二〇〇三　『中国考古学夏商巻』中国社会科学出版社
中国社会科学院考古研究所　二〇〇四　『安陽小屯』世界図書出版公司
中国社会科学院考古研究所　二〇〇五　『安陽殷墟出土玉器』科学出版社

中国社会科学院考古研究所　二〇〇七　『安陽殷墟花園荘東地商代墓葬』科学出版社
中国社会科学院考古研究所安陽隊　一九八七　「殷墟259・260号墓発掘報告」『考古学報』一九八七年第一期
中国文物精華編集委員会　一九九〇　『中国文物精華』文物出版社
張光直　一九六三　「商王廟号新考」『中央研究院民族学研究所集刊』一五（邦訳は張／小南ほか一九八九所収）
張光直　一九六五　「殷礼中的二分現象」『慶祝李済先生七十歳論文集』上（邦訳は張／小南ほか一九八九所収）
張光直　一九七三　「談王亥与伊尹祭日并再論殷商王制」『中央研究院民族学研究所集刊』三五（邦訳は張／小南ほか一九八九所収）
張光直／小南一郎・間瀬収芳訳　『中国青銅時代』平凡社、一九八九年
張桂光主編　二〇一四　『商周金文辞類纂』中華書局
張俊成　二〇一八　『西周金文字編』上海古籍出版社
張天宇　二〇一六　「一墓多族徽与商周分界」『江漢考古』二〇一六年第六期
張懋鎔・王静　二〇一四　「周人不用族徽・日名説的考古学意義」『四川文物』二〇一四年第四期
張連順　二〇一九　『中華漢字起源新探』科学出版社
陳夢家　一九五六　『殷虚卜辞綜述』科学出版社
鶴間和幸監修　二〇二二　『兵馬俑と古代中国』東京新聞・フジテレビジョン
董作賓　一九三三　「甲骨文断代研究例」『慶祝蔡元培先生六十五歳論文集』（『中央研究院歴史語言研究所集刊外編』）一
董蓮池　二〇一一　『新金文編』作家出版社
東京国立博物館・朝日新聞社　『中国国宝展』朝日新聞社、二〇〇〇年

〈ハ行〉
林巳奈夫　一九六六　「中国先秦時代の旗」『史林』四九‐二
林巳奈夫　一九六八　「殷周時代の図象記号」『東方学報』三九
林巳奈夫　一九八四　『殷周時代青銅器の研究図版編』殷周青銅器綜覧一、吉川弘文館
林巳奈夫　二〇〇二　『中国古代の神がみ』吉川弘文館
樋口隆康・徐苹芳監修　一九九三　『中国王朝の誕生』読売新聞社
伏見冲敬解説　一九五九　『秦泰山刻石・瑯邪台刻石』二玄社
舟木亨　二〇一六　『現代思想史入門』筑摩書房
ペッツィンガー、ジェネビーブ／櫻井祐子訳　二〇一六　『最古の文字なのか？』文藝春秋

〈マ行〉
三船温尚・清水克朗　一九九三　「中国古代青銅器の鋳造方法」『高岡短期大学紀要』四

〈ヤ行〉
山本尭　二〇二〇　「鋳物の技術と文字」『書学書道史研究』三〇
游国慶　二〇一四　『吉金耀采』国立故宮博物院
楊焕成　二〇一六　『中国古建築時代特徴挙要』文物出版社
姚孝遂主編　一九八九　『殷墟甲骨刻辞類纂』中華書局

吉本道雅　一九九一「西周冊命金文考」『史林』七四‐五

〈ラ行〉

雒有倉　二〇一四「商周青銅器複合族徽与甲骨文多字族名比較研究」『殷都学刊』二〇一四年第三期
雒有倉　二〇一七『商周青銅器族徽文字綜合研究』黄山書社
雒有倉　二〇一九「金文族徽的功能及其時代的変化」『中原文化研究』二〇一九年第五期
雒有倉・黄端勝　二〇二一「西周金文族徽的沿襲変化与商周族群的文化認同」『文物春秋』二〇二一年第五期
李学勤主編　二〇一一『清華大学蔵戦国竹簡（貳）』中西書局
李学勤主編　二〇一二『字源』天津古籍出版社
李学勤・彭裕商　一九九六『殷墟甲骨分期研究』上海古籍出版社
李孝定・周法高・張日昇編　一九七七『金文詁林附録』香港中文大学
李済／国分直一訳　一九八二『安陽発掘』新日本教育図書
李梅齢・李逸馨・郝慕柔編　二〇一二『武丁与婦好』双瑩文創股份有限公司
劉雨・盧岩　二〇〇二『近出殷周金文集録』中華書局
劉雨・厳志斌　二〇一〇『近出殷周金文集録二編』中華書局
路国権　二〇一二「〝複合族氏〟銘文研究的一種新視角」『考古与文物』二〇一二年第二期
盧中陽　二〇一三「商周銅器族徽中所見家族職事研究」『殷都学刊』二〇一三年第一期

図版出典一覧

（略称は以下の通り。集成＝『殷周金文集成』、照片＝『商周青銅器銘文照片捜集・整理与研究』、合集＝『甲骨文合集』、中社＝中国社会科学院考古研究所。それ以外は主要参考文献の著者の姓と出版年で表示）

〈はじめに〉

三頁　①集成三〇七〇　②集成九二一〇　③集成三〇三二

〈序章〉

図0-1　高一九九六、二八・二九頁

図0-2　ペッツィンガー／櫻井二〇一六、巻頭図

図0-3　張二〇一九、三八頁

図0-4　①合集二七七五三　②集成五一四八

図0-5　筆者が作成

図0-6　①集成五六一五　②合集六〇五八

図0-7　①李二〇一一　②伏見一九五九　③中社二〇〇〇、二一三頁

図0-8　筆者が作成

〈第一章〉

図1-1　阿辻二〇一六、四〇頁。矢印は筆者が付加。

図1-2　①集成一一〇四　②集成一一〇四　③集成二九七三　文中挿図：中国文物精華編集委員会一九九〇、図版四一

図1-3　①集成一五一二　②集成六六六七　③集成七五〇九　文中挿図：中国文物精華編集委員会一九九〇、図版四〇

図1-4　①集成一一二七　②集成七五三八　③集成一五五一　文中挿図：林二〇〇二、口絵一

第1問　①集成二九七四　②集成二九七五　③集成二九七六　④集成七二二三　文中挿図：集成一〇三〇〇・集成一一七一

第2問　①集成七五三二　②集成八二二三　③集成一三〇八　④集成三三三〇　文中挿図：NHK・NHKプロモーション　二〇〇〇、六九頁

第3問　①集成八八六七　②照片三六　③集成四八二六　④集成六一六八

第4問　①集成六八三五　②集成三三一四　③集成五二六七　④集成六三一五　文中挿図：NHK・NHKプロモーション　二〇〇〇、六六頁

第5問　①集成六六三七　②集成七〇五六　③集成四八八九　④集成一六八五　文中挿図：集成一一二四・集成三一七二

第6問　①集成五〇一二　②集成五八〇二　③集成六四四三　④集成一八三一

第7問　①集成一四六八　②集成七二一八　③集成七五三五　④集成一五八三

第8問　①集成四七五二　②集成八五六四　③集成四九六四　④集成九二六五　文中挿図：中社二〇〇五、八五頁
図1－5　①樋口ほか一九九三、六五頁　②李ほか二〇一二、三一頁（一部）　③游二〇一四、七一頁

〈第二章〉
図2－1　①集成五四七九　②集成四九八一　③集成三四四九
図2－2　①集成七七一六　②集成三六九　④集成六〇八七
図2－3　①集成八四三〇　②集成四九〇七　③集成一二九八　文中挿図：集成七〇三九
図2－4　①集成四七四六　②集成四七四五　③集成一一九〇　文中挿図：中社二〇〇七、彩版一二・東京国立博物館ほか　二〇〇〇、七九頁
第9問　①集成一一四九　②集成七〇四九　③集成一九五二　④集成六七五二　文中挿図：中社一九九三、一六〇頁
第10問　①集成三〇七九　②集成六四九六　③集成四九八五　④集成一〇六八三　文中挿図：李ほか二〇一二、四三頁・中社二〇〇七、彩版二四－1・集成一〇六八一・集成八六一四・中社二〇〇五、二〇三頁
第11問　①集成六〇五二　②集成八四六　③集成一二一七　④集成三一五七　文中挿図：中社一九九八、図版五〇
第12問　①集成一六一五　②集成一六一四　③集成七一一四　④集成九三五一　文中挿図：楊二〇一六、七四頁
第13問　①集成六〇四〇　②集成一〇九九　③集成七四四〇　④集成一〇七六三　文中挿図：李ほか二〇一二、九五頁
第14問　①集成四九八八　②集成九三六二　③集成五五九九　④集成八八二二　文中挿図：李／国分一九八二、図版一四
第15問　①集成一一八八五　②集成一一六七　③集成七六五〇　④集成六六四六　文中挿図：中社二〇〇四、二四八

頁
第16問　①集成九八四三　②集成一一六四　③集成一一六三　④集成四六五一
図２－５　①集成五五六五　②集成六一六三　③李／国分一九八二、一一九頁
図２－６　①集成一三〇六　②集成八三九
図２－７　①集成五七四八　②集成三七一三

〈第三章〉
図３－１　①集成四七三四　②集成九一一三　③集成三〇九三
図３－２　①集成一五四七　②集成一五四六　③集成八一〇四
図３－３　①集成六三二五　②集成六八四〇　③集成六一六二
第17問　①集成四九一〇　②集成九一一六　③集成五〇九一　④集成八一五二
第18問　①集成一〇〇二　②集成一〇〇一　③集成九二一四　④集成三一八〇
第19問　①集成三二〇六　②集成六五八七　③集成四九七七　④集成六二八二
第20問　①集成一三六二　②集成一八二四　③集成六三八二　④集成七〇〇三　文中挿図：中社一九九八、図版九
第21問　①集成七二二五　②集成一三六九　③集成一三七一　④集成五五七九　文中挿図：集成六六二六
第22問　①集成六六三〇　②集成一〇九二　③集成一一八〇五　④集成六四〇四
第23問　①集成一九四四　②集成五一〇〇　③照片八　④集成三八六
第24問　①集成九八四五　②集成一四三二　③照片四一〇　④集成六一五六
図３－４　王一九九八Bを元に筆者が作成

図3-5　落合二〇一二に基づく

〈第四章〉

図4-1　①集成一一五一　②集成一〇〇一〇　③集成六七五四
図4-2　①集成四八一　②集成一四八八　③集成九一〇七
図4-3　①集成一一六二　②集成四八二八　③集成一一五八
図4-4　①集成四九二八　②集成七七二　③集成九二五六
第25問　①集成九八六五　②集成八〇九四　③集成九一七二　④集成七一七三　文中挿図：筆者撮影
第26問　①集成三四五九　②集成九八七二　③集成五七三七　④集成三二二三　文中挿図：集成一〇八五七
第27問　①集成一〇〇三〇　②集成一三七四　③集成一三七五　④集成一〇六七八
第28問　①集成五六八三　②照片七八三　③集成三一五一　④集成三一四〇　文中挿図：中社安陽隊一九八七
第29問　①集成五六〇一　②集成三二二一　③集成六七〇六　④集成六二二一　文中挿図：集成六三二九・集成一二〇四
第30問　①集成七三九五　②集成一〇二三　③集成一五三六　④集成七三九七　文中挿図：集成一二一三・中社一九九八、図版四六・中社一九九四、図版一五
第31問　①集成四九七八　②集成四九二二　③集成四九九三　④集成四九二三
第32問　①集成四九八〇　②集成八二二　③集成一五二一　④集成六五三八　文中挿図：集成一一七八・集成九八三三
図4-5　①集成一三八一　②集成四八五五

〈終章〉

図5-1　『史記』周本紀による
図5-2　筆者が作成
図5-3　集成一〇一七五
図5-4　①游二〇一四、五二頁　②集成九二三八　③集成一〇五三五
図5-5　①集成一一六二一　②鶴間二〇二一、一六二頁
図5-6　『史記』殷本紀による
図5-7　落合二〇〇二に基づく
図5-8　筆者が作成
図5-9　①集成七二二一　②集成三二九六　③集成五二六五
図5-10　落合二〇一二に基づく

著者略歴
1974年愛知県生まれ。立命館大学白川静記念東洋文字文化研究所客員研究員。専門は甲骨文字、殷代史。博士（文学）。著書に『甲骨文字の読み方』、『殷代史研究』、『殷――中国史最古の王朝』、『甲骨文字辞典』、『漢字の構造――古代中国の社会と文化』、『部首の誕生――漢字がうつす古代中国』ほか多数。

ハヤカワ新書　038

漢字《かんじ》はこうして始《はじ》まった
族徽《ぞくき》の世界

二〇二五年二月二十日　初版印刷
二〇二五年二月二十五日　初版発行

著　者　落《おち》合《あい》淳思《あつし》
発行者　早川　浩
印刷所　株式会社亨有堂印刷所
製本所　株式会社フォーネット社
発行所　株式会社　早川書房
東京都千代田区神田多町二ノ二
電話　〇三‐三二五二‐三一一一
振替　〇〇一六〇‐三‐四七七九九
https://www.hayakawa-online.co.jp

ISBN978-4-15-340038-2 C0280

未知への扉をひらく

「ハヤカワ新書」創刊のことば

誰しも、多かれ少なかれ好奇心と疑心を持っている。

そして、その先に在る納得が行く答えを見つけようとするのも人間の常である。それには書物を繙いて確かめるのが堅実といえよう。インターネットが普及して久しいが、紙に印字された言葉の持つ深遠さは私たちの頭脳を活性して、かつ気持ちに余裕を持たせてくれる。

「ハヤカワ新書」は、切れ味鋭い執筆者が政治、経済、教育、医学、芸術、歴史をはじめとする各分野の森羅万象を的確に捉え、生きた知識をより豊かにする読み物である。

早川浩